대학생을 위한
미술을 만난 심리치료

대학생을 위한
미술을 만난 심리치료

박주령 저

목 차

머리말   8.
서론   10.

Part 1   나를 말하기
Task 1 This is Me 잡지사진 콜라주   27.
Task 2 Crystal Ball I 나의 소망을 보여줘!   31.
Task 3 H T P 집나무사람그림검사   34.
Task 4 Life Events Time Line 나의 인생 그래프   49.
Task 5 Best Experience 최고 경험   53.

Part 2   내면 들여다보기
Task 6 PITR 빗속의사람검사   67.
Task 7 불쾌한 감정 단어장   75.
Task 8 Dot-to-Dot 점에서 점으로   79.
Task 9 내면의 문   83.
Task 10 비밀정원   87.
Task 11 좋아하는 날씨 그림검사   91.
Task 12 한 번도 보내 본 적 없는 편지   94.

Part 3 주변인과의 나

Task 13 FCCD 동그라미 중심 가족화	103.
Task 14 PSCD 동그라미 중심 부모-자녀 가족화	111.
Task 15 KFD 동적가족화	115.
Task 16 BND 새둥지화	121.
Task 17 BATSE 간단한 미술치료 선별 평가	125.
Task 18 Dragon's Treasure 용의 보물	129.
Task 19 LMT 풍경구성기법	133.

Part 4 변화하는 나

Task 20 Bridge Drawing 다리그림검사	149.
Task 21 내 몸의 불편감	153.
Task 22 나의 지원군	157.
Task 23 PPAT 사과따는사람그림검사	161.
Task 24 안전지대 그리기	167.

Task 25 평정심 기르기   171.
Task 26 장점 마라톤   175.
Task 27 강점 찾기   179.
Task 28 S-CDT 협력그림검사   185.
Task 29 Crystal Ball II 나의 미래를 보여줘!   191.
Task 30 나를 위한 선물상자 콜라주   194.

부록   199.

참고문헌   205.

목 차 | 7

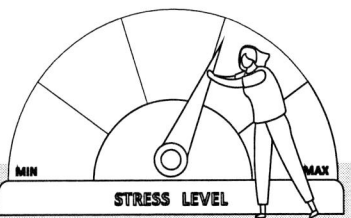

머리말

'미술을 만난 심리치료'는 현재 우리 대학교에서 개설하는 교양과목 명칭입니다. 저는 미국에서 심리학과 미술치료를 배운 뒤 미국 미술치료사 자격증을 취득하고 심리치료사로 일을 했습니다. 한국으로 돌아온 뒤 2014년부터 대학에서 강의하면서 다양한 분야의 대학생을 많이 만났습니다. 그들은 대부분 진로, 성격, 대인관계, 그리고 취업에 대해 고민했습니다. 마침 대학에서 이 교양과목이 개설되었기에 대학생과 함께 미술이라는 도구로 그들의 심리에 관해 이야기를 나누면서 고민을 해결할 수 있으면 좋겠다는 바람으로 이 책을 출간하게 되었습니다.

청소년기를 벗어나서 성인기 초입에 접어든 대학생에게 사회는 성인으로서 정체감을 가지고 성숙한 인간으로 살아가길 기대합니다. 그러나 대학생들은 경쟁적으로 스펙을 쌓느라 여념이 없어서 자기가 어떻게 살아가야 하는지를 잘 모르고 있습니다. Rogers(1961)에 따르면 충분히 기능하는 사람(fully functioning person)은 방어적인 성향을 버리고 경험에 대한 개방성을 통해 안정된 자기개념을 가진 사람입니다. 그들은 삶의 과정을 중요하게 여기며 실존적인 자세로 인생을 주체적으로 만들어 갑니다. 자기 자신에게서 느껴지는 내면의 욕구, 감정을 있는 그대로 자각할 수 있고 신뢰하고 수용할 수 있어야 충분히 기능하는 사람이라고 합니다. 대학생활에서 삶의 질을 높이기 위해서는 자기 자신의 상태를 자각하고, 감정을 수용하며, 좌절하지 않고 참을 수 있는 인내력과 갈등을 해결할 수 있는 능력을 길러야 합니다.

이 책은 워크북 형식으로 구성되어 있습니다. 미술치료기법들로 구성된 과제(task)와 활동지는 자기 자신을 탐색하고, 자기에 대한 통찰을 얻으며, 심리적 안정감을 찾게 도와줍니다. 여기에 수록된 30가지의 과제들을 완성하기 위해서는 감춰진 자신의 감정도 성찰해야 하고, 내·외적 갈등을 해결하기 위한 노력도 해야 합니다. 과제에 따라 직접 그림을 그린 후 질문지에 대한 답변을 작성하면서 스스로 자기 자신을 되돌아보는 시간을 가질 수 있을 것입니다. 모든 과제를 마친 후에 당신은 조금이나마 과거보다 성장한 "나"를 만나게 될 것입니다. 이 책을 통해 당신의 감정, 타인과의 소통 방식 및 관계를 되돌아보고, 관계에 대한 이해, 삶에 대한 긍정을 경험하여 더욱 성장하길 희망합니다.

제가 책을 출간하겠다고 마음먹었을 때부터, 저에게 아낌없는 지원을 해 주는 우리 가족, 그리고 제가 이처럼 성장할 수 있도록 지지해 주신 모든 분에게 이 책을 바칩니다. 감사합니다.

2023년 늦여름
경북 경산 연구실에서
박주령

서론

이시온 가수의 2021년 『11개월, 온도』 앨범에 수록된 〈어른이 되어 간다는 건〉 의 노래 가사 내용을 보면 어른이 되어감에 대해 이야기한다.

> 어른이 되어 간다는 건
> 마냥 즐겁지는 않군요.
> 말없이 웃는 나무같이
> 감정을 숨기며 사는데
> 어른이 되어가고 있는 건가요?
> (중략)
> 아직 사람을 못 믿는 것인지
> 아님 사랑을 받는 게 어려운지
> 이 모든 게 조금 어색하죠
> (중략)
> 상처뿐인 맘은 뒤로 둔
> 감정을 숨기며 사는데
> 어른이 되어가고 있는 건가요?

가사 내용을 들어보면 어른이 되기 위해서는 감정을 숨기기도 하고, 마음이 시들어 가기도 하고, 마음이 멍들기도 하면서 이런 저런 상처들이 마음에 생길 수도 있다고 한다.

인간은 태어나자마자 자신의 선택이나 의지와 상관없이 숙명적으로 얽힌 주변 사람들을 만나게 되므로 다양한 인간관계 속에서 살아가야 한다. 어떤 사람은 인간관계 속에서 슬픔, 좌절, 고통, 배신, 불안, 질투 등으로 힘들어한다. 반면 다른 어떤 사람은 주변인들로부터 지지를 받으면서 사랑, 우정, 친밀감, 행복, 감사 등을 느끼기도 한다. 이처럼 우리는 인간관계 속에서 행복해지거나 불행해지기도 하는 사회적 존재임을 알 수 있다.

　청소년기에는 정체감을 확립해야 하는 발달과업이 있다(Erickson, 1968). 만약 정체감을 확립하지 못한 채로 대학생이 된다면 대학 생활이 어느 정도 적응되는 2학년 즈음에 삶의 목표와 방향성을 잃고 무기력감과 우울감을 느끼는 소위 말하는 "대2병"에 걸릴 가능성이 크다. 방황과 심적 고통으로 인해 점차 사회와 주위로부터 고립될 수도 있다. 이러한 대학생에게 심리치료를 제공한다면 그들은 현 상황에서 자기를 탐색할 수 있는 기회를 가질 수 있고 유예했던 자기 정체감을 찾을 수 있을 것이다.

1 심리치료는 무엇인가

심리치료(psychotherapy)는 전문적인 지식을 갖춘 치료사(상담자)와 심리적인 어려움을 호소하는 내담자과 만나 치료동맹(therapeutic alliance)을 맺으면서 상담 회기를 이어가는 것을 말한다. 상담사는 내담자의 주 호소 문제(chief complaint)를 파악하고, 심리검사를 기반으로 내담자의 정보를 수집하며, 상담을 통해 내담자의 사고, 감정, 행동을 파악한다.

심리평가를 하는 것은 상담자의 중요한 역할 중의 하나이다. 상담자는 면접, 행동관찰, 심리검사를 통해 종합적인 심리평가를 할 수 있어야 한다. 그중 심리검사는 상담자가 전문적인 지식과 교육을 받은 후 수련을 거친 후 진행할 수가 있다. 상담자는 수집된 정보를 바탕으로 타당한 해석과 평가를 하기 위해 훈련이 필요하다.

소통은 언어적 소통과 비언어적 소통으로 나눌 수 있다. 상담과정에서 상담자와 내담자는 언어를 매개로 의식적인 소통을 한다. 그러나 말로 표현하기 힘든 감정이나, 의식적으로 억압된 감정들은 그림이라는 매개체를 통해서 무의식적으로 드러나기도 한다. 눈에 보이지 않는 "마음(mind)"은 무의식이 투사될 수 있는 투사검사에 활용되기도 한다.

투사검사는 정신분석적 관점을 근간으로 내담자의 내적상태가 검사과정 안에서 투사가 된다는 기본전제가 있다. 다시 말하면 투사검사의 검사과정 안에서 검사자가 제시하는 모호한 자극으로 인해 내담자의 무의식적 욕구나 내적 갈등이 검사과정 안에 의식하지 못한 채 투영이 되기 때문에 상담자는 투사검사를 통해 내담자의 생각과 감정을 해석할 수 있는 것이다. 투사검사는 인간의 내재된 특성까지 측정할 수 있다는 장점이 있으나 측정 해석의 타당도와 신뢰도는 여전히 논란이 되고 있다. 따라서 투사검사를 진행할 때는 검사결과를 신중히 처리해야 하며 임상현장에서의 숙련된 기술과 훈련이 필요하다.

　　투사검사 종류는 크게 연상법과 투사그림검사가 있다. 연상법은 자극제시검사 중 로르샤흐 잉크반점검사, TAT(주제통각검사)처럼 도판을 제시하여 연상되는 이야기를 끌어낸다. 또한 제시된 문장을 연상하여 완성하는 문장완성검사도 있다. 투사그림검사는 대표적으로 인물화나 집-나무-사람 등 지시어를 그리게 하는 검사 등이 있다. 다음 장에 투사그림검사에 대하여 좀 더 자세히 알아보자.

2 투사그림검사의 역사

미국 심리학자이자 미네소타 대학교 교수였던 Florence Goodenough의 인물화검사(1926)를 시작으로 투사그림검사가 개발되었다. 이때부터 피검자의 내적상태가 그림에 반영된다는 전제가 지금까지 이어져 오고 있다. 투사적 그림검사에서 피검자가 가진 표현적 창조성(Weisberg, 2009)과 피검자의 정의적 행동영역이 자연스럽게 그림 속에 드러나게 된다.

뉴욕시립정신병원의 마코버(Machover)는 『인물화에 성격 투사』라는 책을 통해 투사그림검사로 환자들의 성격을 파악할 수 있음을 알렸다(Machover, 1949). 또한 코피츠(Koppitz)는 사람형태그림(Human Figure Drawing: HFD)을 고안하여 아동의 지능 대신 정서를 파악하고자 노력하였다(Koppitz, 1968). 코피츠는 인물화를 분석할 수 있는 30개의 채점지표를 만들어, 피검자의 정서를 파악하는 데 활용하였다.

인물화 검사에서 피검자가 갑자기 '사람을 그려 보시오'라고 지시어를 접하게 되면 긴장 혹은 불안을 경험할 수 있다(최정윤, 2010; Buck, 1948). 이 점을 보완하고자 Buck(1948)은 인물에 앞서 집과 나무를 먼저 그리게 하는 집-나무-사람 검사 (House-Tree-Person Projective Drawing Technique: HTP)를 고안하였다. 이 검사는 피검자에게 네 장의 종이를 제공한 뒤, 각각의 종이에 집, 나무, 사람, 반대 성별의 사람을 순서대로 그리게 한다. 이후 Buck과 Hammer(1969)는 HTP 검사를 통해 얻어진 그림을 해석할 수 있는 해석지표를 개발하였다. HTP는 3세 아동부터 성인에 이르는 다양한 피검자에 적용될 수 있는 그림검사로 발전되어, 현재에도 신경정신과 병동이나 임상현장에서 널리 사용되는 투사적 그림검사로 자리잡았다(Gordon, Rudd-Barnard, & Smith-Wexler, 2018).

또 다른 투사검사로는 번과 카우프만의 동적가족화(Kinetic Family Drawing: KFD)가 있다(Bruns & Koufman, 1970). 동적가족화는 한 장의 종이에 '본인을 포함한 가족 모두가 무엇인가를 하고 있는 그림을 그리시오'라는 지시어를 제공한다. 동적가족화는 피검자가 느끼는 가족의 역동을 한 장의 그림으로 나타낼 수 있다는 장점이 있다(Bruns & Koufman, 1970). 동적가족화를 개발한 Burns(1987)는 Buck이 개발한 4장에 집과 나무와 사람을 나누어서 그리는 대신 집-나무-사람검사를 한 장에 그리는 K-HTP를 개발하여 요소 간의 역동성을 확인하였다. 이를 통해 임상환자들의 그림에서 구조적 측면과 해석적 측면에 관한 질적 해석지표를 만들었다(Burns, 1987). 이후 K-HTP는 무채색(연필화)와 채색(8색 크레용)으로 확장되어 임상가나 미술치료사가 활발히 활용하고 있다(Rubin, 2010).

Gantt(1990)는 사과나무에서 사과 따는 사람 그림검사(Person Pick an Apple from Tree: PPAT)를 개발하고 그려진 그림을 형식적요소로 분석할 수 있는 채점지표를 개발하였다. PPAT검사는 한 장의 그림으로 피검자의 문제해결력과 아동의 주의력결핍과 잉충동장애(AD/HD)를 판별하는 도구(Munley, 2002), 약물중독환자들을 변별하는 도구(Rockwell & Dunham, 2006), 그리고 사전, 사후검사로 활용하여 재소자의 우울감이 나아진 것을 검증하는 도구(Gussak, 2007)로 폭넓게 활용된다.

빗속의 사람검사는 인물화에 배경이 추가된 빗속의 사람검사(Draw-A-Person-in-the-Rain:DAP-R)나 PITR(Person-In-The-Rain)이라고 불리기도 한다. DAP-R은 PITR과 진행방식이 다른데, 먼저 인물화 검사를 진행한 뒤에 마지막 장에 빗속의 사람을 그리게 한다. PITR은 빗속의 있는 한 사람을 그리게 하여 1장의 그림으로 평가하는 방식이다. 본 책에서는 Lack의 채점기준으로 분석하는 빗속의 사람검사(PITR)를 활용하도록 제시하겠다. Lack(1996)은 학대, 우울, 신경성과 같은 정신적 문제를 가진 학생들을 대상으로 이 채점 도구의 타당화 작업을 수행하였다. Wills와 그 연구자들(2010)은 정신질환과 약물중독 문제를 겪고 있는 환자 40명을 대상으로 PITR를 실시하여, 어떤 집단이 약물중독 재발의 위험성이 높은 집단인지 낮은 집단인지 변별할 수 있다고 하였다.

투사그림검사에서 그려진 피검자의 그림은 내담자 증상에 따라 독특하게 드러나기도 한다. 그들은 언어로 말하지 못하는 것을 그림으로 표현하기도 한다. 투사그림검사는 이들의 독특한 반응을 이해하는 데 유용하다. 투사그림검사를 할 때 검사자는 피검자에게 지시어를 제공하는데, 이 지시어는 피검자 자기 자신이 생각하고 있는 내용을 그리게 한다. 여기서 주의해야 할 점은 검사자가 개발한 지시어를 제공하는 것 이외에 다른 지시나 설명을 부연하지 않아야 한다. 예를 들어 "당신이 생각하는 집을 그리시오."라고 지시어를 제공하였을 때 피검자가 스스로 생각하고 집을 그리게 해야지만 그림에 피검자의 심리적인 측면이 투사되어 반영되었다고 할 수 있다. 피검자가 생각하는 집을 그리는 것이 아니라 집 모양을 보고 따라 그린다면 이것은 투사그림검사라고 할 수 없다. 따라서 투사그림검사가 되기 위해서는 피검자가 생각하고 있는 내면의 심상(이미지)이 종이에 투사할 수 있도록 다시 말해 잘 반영될 수 있도록 검사자는 주의를 기울여야 한다.

학교현장에서 아동의 그림을 분석할 때는 아동발달에 따른 전문가의 그림분석이 필요하다. 아동은 성장하면서 단계적으로 창조적 표현과 심리적 성장이 이뤄지기 때문에 이들의 상호의존관계를 알아야 아동의 그림을 보다 정확하게 이해하고 판단할 수 있다(Lowenfeld & Brittain, 1987). 따라서 학교현장에서 아동의 그림을 분석할 때는 아동발달에 대한 이해와 심리적인 표현의 이해가 통합적으로 이뤄져야 한다. 투사그림검사에서 그림을 분석할 때는 1)그림의 발달분석, 2)그림의 구조분석, 3)그림의 내용분석에 기반을 둔다. 세부사항은 책의 부록을 참조하길 바란다.

3 정체감 확립의 중요성

청소년기의 필요한 발달과업은 정체감 확립이다. 그러나 현재 우리나라 교육시스템은 학업발달에 초점이 맞추어져 있다 보니 많은 청소년들이 중고등학교 시기에 달성해야 할 발달과업을 유예한 채로 성인이 된다.

정체감을 확립하기 위해서는 자신이 누구인지, 원하는 바가 무엇인지, 자신이 중요하게 여기는 가치가 무엇인지를 아는 자기개념(self-concept)을 가져야 한다. 자기를 이해할 수 있어야 자기 자신이 하고자 하는 삶의 목표를 세우고 그 목표를 달성하기 위해 노력하는 일련의 과정을 이뤄낼 수 있다.

청소년기에서 정체감 확립이 중요한 발달 과업이라고 하는 이유는 대학생이 되기 전에 진로를 결정해야 하기 때문이다. 진로를 잘 설계하기 위해서는 자기 이해, 직업 세계의 이해, 진로에 대한 정보수집 및 직업에 대한 올바른 가치관 확립을 통해 합리적인 진로 의사결정 능력을 길러야 한다(김봉환, 2013). 자기 자신의 적성, 흥미, 성격 등을 알고, 직업을 선택할 때 직업 분야를 확인하고 진로를 결정할 수 있기 때문이다.

이 프로그램은 자기 탐색할 기회가 없었던 성인을 위한 워크북이다. 이제 당신은 30가지 과제(task)를 순차적으로 만나게 될 것이다. 이 워크북은 당신이 자기 탐색을 원활하게 하기 위한 매개물이 될 것이다. 개방된 자세로 주어진 과제에 진솔하게 그림을 그리고 자신의 내면을 표현해 보길 권장한다. 미술이라는 도구를 활용해서 프로그램을 마치고 난 뒤에 당신은 보다 긍정적인 자신에 대해 알 수 있게 될 것이다. 당신이 이 프로그램을 끝까지 완주하길 응원한다!

표 1. 에릭슨의 심리사회적 발달단계와 성격적 강점(Peterson & Seligman, 2004)

단계		연령	발달 과업과 인간관계	강점
영아기		생후~12개월까지	부모-자녀 인간관계(애착형성)	신뢰 (희망, 감사)
			신생아는 주 양육자가 안락을 제공한다고 신뢰하면서 안전감을 확보해야 함	
		1~2세	부모자녀 인간관계	자율성 (끈기)
			영아는 자신의 의지를 선택하고 행위를 통해서 그것이 실현되는 것을 배워야 함	
유아기		3세~6세	형제자매와의 인간관계	주도성 (호기심)
			유아는 자신의 행위를 주도하고 그 결과 자신에 대한 신뢰감을 얻는 것을 배워야 함	
아동기		7세~12세	초등학생의 인간관계	유능성 (근면성, 창의성)
			아동은 자신의 기술과 능력을 체계적으로 탐색하고 학습하여 적용하는 것을 배워야 함	
청소년기		13세~18세	중 고등학생의 인간관계	자기정체성 (사회적 지능)
			청소년은 일관성 있는 정체감을 반영하는 개인의 가치관과 목표를 정립해야 함	
성인기	청년기 전기	19~20대 중후반	대학생의 인간관계	친밀감 (사랑)
			청년은 정립된 정체감을 기반으로 선택한 진로가 목적에 맞는지 확인하면서 다른 사람과 자신의 정체감을 융합하는 것을 배워야 함	
	청년기 후기	20대 후반~45세	직장인의 인간관계	
			청년은 직장생활을 하면서 자신의 일에 숙련도를 향상시키기 위해 충실하게 역할을 수행하는 단계임	
	중년기	45~65세	사회인으로의 인간관계	생산성 (공헌성)
			일과 가정이 안정화되는 단계로 자신이 세상과 다음 세대에 기여하는 것을 알고 자신의 분야에서 공헌을 하는 단계임	
노년기		65세 이후	은퇴, 인간관계 축소	자기통합 (지혜)
			신체적 능력이나 생산성이 떨어지기 때문에 수행능력이 감소함. 이전에 해결해 오던 방식과는 달라져야 함을 알고, 가정의 주도권을 자녀에게 주면서 화해와 통합으로 역할을 재정립 해야함	

대2병이란?

대학교 2학년 정도의 연령대(20대 초반)의 청년들이 불확실한 미래에 대한 막연한 불안을 느끼는 심리적 상태를 빗대어 대2병이라 일컫는다. 사춘기 청소년들이 심리적 혼란을 겪는 상태를 '중2병'이라고 하는데 이러한 증상이 대학생에게 나타날 때 대2병이라 한다.

자신이 대2병이라고 생각하는 사람은 전체 응답한 대학생 중 64.6%이며, 그중 대학교 2학년은 74.7%였다(미디어한남, 2021).

표 2. 대2병 자가진단 체크리스트

다음을 읽고 본인에 해당이 된다면 해당 칸에 (∨) 표시를 해 주세요.

문항	그렇다	아니다
1. 다른 사람보다 스펙을 비교하며, 자신을 비하한다.		
2. 평소보다 우울하다.		
3. 미래에 대한 걱정이 많다.		
4. 전과나 휴학, 자퇴를 고민한다.		
5. 진로에 대해서 끊임없이 고민하지만, 결정하지 못한다.		
6. 전공에 대한 회의감이 자주 든다.		
7. 중·고등학생을 보며 "저 때가 좋았지."라는 말을 자주 한다.		
8. 공부나 과제 등 일이 손에 잡히지 않는다.		
9. 취업 압박을 못 이겨 포기하고 싶다고 생각한다.		
10. 현실을 도피하는 상상을 자주 한다.		
체크 개수		

[결과]

그렇다고 응답한 개수가 5개 넘으면 대2병을 의심해 볼 수 있으며, 7개 이상이면 대2병을 겪고 있을 가능성이 크다.

왜 본인이 대2병이라고 생각하느냐고 그 이유에 대해서 묻자
1) 맞지 않는 전공
2) 타인과의 비교로 인한 스트레스
3) 불안한 취업, 취업난
때문이라고 응답하였다(미디어한남, 2021).

열공이의 사례

열공(가명)이는 2학년 2학기에 집단상담 미술치료워크숍에 참여한 학생이다. 다음 페이지에 나오는 사진은 잡지를 활용하여 나를 표현하기 주제로 진행한 열공이의 첫 회기의 작품이다. 역동적인 이미지 위에 작업 전반에 단어를 찢어 붙여 열공이가 말하고자 하는 바를 전달하고 있다. 처음에는 백곰 두 마리가 스키를 즐겁게 타는 이미지를 가위로 오려 붙였다. 그리고 추가로 '아르바이트', '빡센 하루', '취업 자격증', '하고 싶은 일을 하면서 살면 왜 안돼요?' 라는 단어 이미지를 가위로 오리지 않고 손으로 찍어서 단어를 붙이면서 작업을 완성해 나갔다.

열공이의 콜라주를 살펴보면 그림 하단에 배치된 두 마리의 백곰처럼 자유롭게 스키를 타고 즐기고 싶지만 그 이미지 위에 붙어 있는 해야 할 일 들이 산재해 있어 하고 싶은 것을 하지 못해 답답해하는 자신을 표현했다. 이 작품의 제목은 "내 삶의 굴레"이다. 열공이는 자격증 준비를 위해 전공공부를 열심히 해야 하는데 아르바이트도 해야 하고, 책도 읽고 싶은데 독서를 할 시간도 없다며 여러 가지로 인해 바쁘고 힘이 든다고 말했다. 할 일은 많은데 무엇부터 해야 할지 몰라 혼란스럽고 막막한 기분이 든다고 한다. 열공이는 평일에 바쁘게 살다가 주말에 기숙사에서 아무것도 하지 않고 누워만 있는 자신을 떠올리면서 후회와 자책도 했다. 남들은 복수전공도 하고 스터디도 하며 바쁘게 사는 것 같은데 본인은 그렇게 살지 못해 아쉽다고 한다. 열공이는 전공에 좀 더 집중하고 공부하고 싶어서 복수전공을 일부러 신청하지 않았는데, 그 시간에 아무것도 하지 않고 누워만 있는 자신이 한심하다고 했다. 그리고 체력이 따라 주지 않아서 속상하다고 했다.

열공이는 학과에서 제공하는 미술치료워크숍을 3학기(각 10회기) 참석하면서 자기 자신을 탐색하는 시간을 가졌다. 누구보다 자기 자신을 사랑하고 있는 열공이를 발견하는 시간을 가졌으며 시간관리 워크숍을 통해 일의 우선 순위를 정하여 문제를 해결하는 기술도 배웠다. 현재 4학년인 열공이는 원하는 전공 자격증의 필기시험에 합격했으며 곧 졸업을 앞두고 있다.

〈사진 1〉 21세 여대생의 콜라주 작품「내 삶의 굴레」

※ 이 작품의 저작권은 본 저자에게 있습니다. 해당 내담자로부터 저작권 이양 동의서(서면 동의서)를 받았습니다. 따라서 저자가 아닌 사람이 무단 복사하거나 전제할 수 없습니다.

대학생을 위한
미술을 만난 심리치료

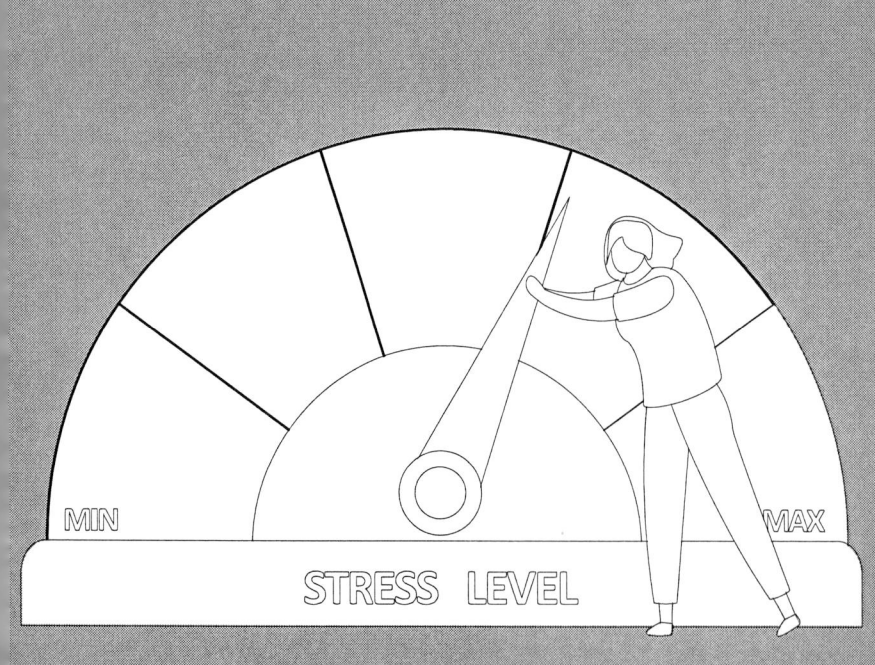

Part 1

나를 말하기

Workbook of Psychotherapy in Art

Task 1
This is Me 잡지사진 콜라주

● 준비물: 종이, 풀, 가위, 잡지책,

　잡지책과 신문을 이용하여, 여러분에 대해 어떤 무엇인가를 알려주는 것과 같은 사진, 그림, 단어, 풍경 등을 골라 주세요. 잡지책에서 고른 이미지를 손으로 뜯어도 되고 가위로 오려도 됩니다. 너무 많이 생각하지 마세요. 왜 그 단어를 골랐는지, 왜 그 그림을 선택했는지 고민하지 마세요. 잡지책을 넘기면서 마음에 드는 이미지가 있다면 그걸 고르세요. 그 이미지가 여러분에게 어떤 이야기를 전하려고 한다면 그 이미지를 오려서 붙여주세요.

　충분한 시간을 가지고 골라 보세요. 1개만 고르려고 하지 말고, 다양한 이미지로 여러분 자신을 표현해 보세요.

　콜라주(collage)란?
　다른 여러 가지 헝겊, 비닐, 타일, 나뭇조각, 종이, 상표 등을 붙여 화면을 구성하는 기법이에요. 어원은 "to glue(접착하다)"는 의미의 프랑스어 coller에서 파생되었다고 해요.

날짜 :

제목 :

Story of Work

Task 2
Crystal Ball I 나의 소망을 보여줘!

여러분이 바라는 것, 원하는 것, 그리고 희망에 대해 생각하고 다음 문장을 완성 시켜 주세요.

"내가 바라는 것은_____."
"나는 _____ 희망합니다."
"나는 _____원합니다."

위 문장들의 내용을 다 채웠으면, 다음 페이지에 나오는 수정구슬을 완성해 주세요. 수정구슬 안에 여러분들의 소망과 꿈, 그리고 원하는 바를 그릴 수 있어요.

수정구슬(crystal ball)이란?
크리스탈을 공 모양으로 가공한 점술 도구예요. 수정구슬은 점과 운세에 사용되는 도구로 수 세기 전부터 다양한 문화권에서 사용되었다고 해요. 수정구슬을 통해 과거와 현재에 대해 생각하고 미래에 대해 생각해 볼 수 있어요.

날짜 : _____

제목 : _____

Story of Work

Part1 : 나를 말하기

© 2023 박주령

Task 3

HTP 집나무사람그림검사 (집그림)

◉ 준비물: A4용지, 연필(2B), 지우개, 초시계(스마트폰 타임 워치)

    지금부터 총 4장의 그림을 그릴거에요. 잘 그리는지 못 그리는지를 확인하는 시간이 아니에요. 너무 많이 생각하지 말고, 너무 잘 그리려고 하지 말고, 당신이 그리고 싶은 대로 그려주세요.

    시작 전에 연필, 지우개, 초시계를 준비한 후 아래의 지시어를 읽고 그림을 그리세요.

    첫 번째 종이: 종이를 가로로 두세요.
    지시어는 "당신이 생각하는 집을 그려주세요."
    지시어를 읽었으면 바로 초시계를 켜고 그림을 그려주세요.
    첫 번째 종이의 그림을 다 그렸으면 초시계를 멈추고, 몇 분 몇 초인지
    옆에 메모해 주세요. 다 그렸다면 바로 다음 페이지로 넘어가세요.

Task 3
HTP 집나무사람그림검사 (나무그림)

🔴 준비물: A4, 연필(2B), 지우개, 초시계(스마트폰 타임 워치)

두 번째 종이: 종이를 세로로 두세요.
지시어는 "당신이 생각하는 나무 한 그루를 그려주세요."

지시어를 읽었으면 다시 초시계를 켜고 그림을 그려주세요.
두 번째 종이의 그림을 다 그렸으면 초시계를 멈추고, 몇 분 몇 초인지 옆에 메모해 주세요. 다 그렸다면 바로 다음 페이지로 넘어가세요.

Task 3
HTP 집나무사람그림검사 (첫번째 사람그림)

◉ 준비물: A4, 연필(2B), 지우개, 초시계(스마트폰 타임 워치)

세 번째 종이: 종이를 세로로 두세요.
지시어는 "당신이 생각하는 한 사람을 그려주세요."

지시어를 읽었으면 다시 초시계를 켜고 그림을 그려주세요.
세 번째 종이의 그림을 다 그렸으면 초시계를 멈추고, 몇 분 몇 초인지 옆에 메모해 주세요. 다 그렸다면 바로 다음 페이지로 넘어가세요.

Task 3

HTP 집나무사람그림검사 (두번째 사람그림)

● 준비물: A4, 연필(2B), 지우개, 초시계(스마트폰 타임 워치)

네 번째 종이: 종이를 세로로 두세요.
지시어는 "직전의 그렸던 사람 그림의 반대의 성별을 가진 한 사람을 그려주세요."

지시어를 읽었으면 다시 초시계를 켜고 그림을 그려주세요.
네 번째 종이의 그림을 다 그렸으면 초시계를 멈추고, 몇 분 몇 초인지
옆에 메모해 주세요.
네 장 모두 그린 후 다음 페이지에 나오는 질문지에 응답해 주세요.

집그림 Post Drawing Inventory

날짜 : _____

그린시간 : _____ 분 _____ 초

1. 누구의 집인가요?

2. 이 집에는 누가 살고 있나요?

3. 이 집의 분위기는 어떠한가요?

Part1 : 나를 말하기

4. 무엇으로 만들어졌는가요? (집의 재질)

5. 나중에 이 집은 어떻게 될 것 같은가요?

6. 이 집에 대하여 하고 싶은 이야기가 있으면 말해 보세요.

7. 당신이 그리고자 한 바를 그렸나요?
   어떤 부분이 그리기 어려웠고 마음에 들지 않나요?

나무그림 Post Drawing Inventory

날짜 : _____

그린시간 : _____ 분 _____ 초

1. 이 나무는 어떤 종류의 나무인가요?

2. 나무의 나이는 몇 살인가요?

3. 나무가 죽었는가요, 살았는가요?

4. 나무의 건강은 어떠한가요?

5. 나무 주변에는 어떤 것들이 있는가요?

6. 나무의 소원은 무엇인가요?

7. 나중에 이 나무는 어떻게 될 것인가요?

8. 나무를 그리면서 생각나는 사람이 누구인가요?

9. 당신이 그리고자 한 바를 그렸나요?
   어떤 부분이 그리기 어려웠고 마음에 들지 않나요?

사람 그림 Post Drawing Inventory

날짜: _____

그린시간: [첫 번째 그린 사람 그림] _____ 분 _____ 초   [두 번째 그린 사람 그림] _____ 분 _____ 초

1. 이 사람의 성별은 무엇인가요?

[첫 번째 그린 사람 그림]	[두 번째 그린 사람 그림]

2. 이 사람의 나이는 몇 살인가요?

[첫 번째 그린 사람 그림]	[두 번째 그린 사람 그림]

3. 이 사람은 누구인가요?

[첫 번째 그린 사람 그림]	[두 번째 그린 사람 그림]

4. 이 사람은 무엇을 하고 있는가요?

[첫 번째 그린 사람 그림]	[두 번째 그린 사람 그림]

Part1 : 나를 말하기　47

5. 지금 이 사람은 무슨 생각을 하고 있을까요?

[첫 번째 그린 사람 그림]	[두 번째 그린 사람 그림]

6. 지금 이 사람의 기분은 어떠할 것 같은가요?

[첫 번째 그린 사람 그림]	[두 번째 그린 사람 그림]

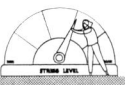 7. 이 사람의 소원이 있다면 무엇일까요?

[첫 번째 그린 사람 그림]	[두 번째 그린 사람 그림]

8. 나중에 이 사람은 어떻게 될 것 같나요?

[첫 번째 그린 사람 그림]	[두 번째 그린 사람 그림]

9. 당신이 그리고자 한 바를 그렸나요?
   어떤 부분에서 그리기가 어려웠고 마음에 들지 않나요?

[첫 번째 그린 사람 그림]	[두 번째 그린 사람 그림]

10. 하고 싶은 말이 있다면 적어 보세요.

[첫 번째 그린 사람 그림]	[두 번째 그린 사람 그림]

Task 4
Life Events Time Line 인생 그래프

◉ **준비물: 연필, 지우개, 자, 색연필 혹은 색싸인펜**

짧지 않은 긴 인생을 살다 보면 기분 좋은 날도 있고 기분 나쁜 날도 있어요. 어떤 시기는 산을 오르는 것처럼 힘들게 느껴지는 시기도 있고, 어떤 시기는 산에서 내려가는 것처럼 홀가분하게 느껴지기도 해요. 다음 뒷 장에 두 페이지를 모두 이용해서 여러분의 인생 그래프를 그려보세요.

1단계 : 여러분들의 현재 나이를 수평 그래프 위에 표시해 주세요.

2단계 : 5년 단위로 나뉘는 그래프 위에는 긍정에너지(+)와 부정에너지(-) 면에 기억에 남는 일들을 점으로 찍고 적어주세요. 잘 기억이 나지 않을 수 있으니, 먼저 연필로 밑그림으로 점들을 표시하고, 틀린 기억이 있다면 지웠다가 다시 표시해 주세요. 대략 여러분의 지금 현재까지의 과거를 작성이 되었다면 자를 대고 색싸인펜으로 점들을 연결해 주세요.

3단계 : 현재 나이를 기준으로 앞으로 펼쳐질 미래의 인생에 대해 10년 단위로 나누고 이 때 과거에 썼던 펜이 아닌 다른 색깔 펜을 사용해 주세요.

긍정에너지 수준

100
80
60
40
20
0   5   10   15   20   25
-20
-40
-60
-80
-100

부정에너지 수준

	100
	80
	60
	40
	20

30	40	50	60	70	80	
						-20
						-40
						-60
						-80
						-100

날짜 : _____

제목 : _____

Story of Work

Task 5
Best Experience 최고 경험

● 준비물: 연필, 지우개, 색연필, 색마커 등 회화도구

　학교생활에서 언제 가장 활기찼던 것 같나요? 무엇이 그 일을 그렇게 흥미롭게 만들었나요? 그 때 누구와 함께했었나요? 당신의 삶에서 가장 최고였던 경험(best experience)에 대해 그림으로 표현해 주세요.

날짜:

제목:

1. 그려진 그림에 상황을 다시 돌이켜 보면, 이 때 당신이 가장 중요하게 생각했던 것이 무엇인지 단어를 생각해 보고 글로 적어 주세요.

2. 당신이 최고의 경험을 가질 수 있도록 이끈 당신의 내적 핵심요소가 무엇일까요?

3. 당신이 최고의 경험을 가질 수 있도록 당신을 도운 외적 핵심요소가 무엇일까요?

4. 그림을 그린 후 소감을 적어주세요.

자살선별척도(SIQ)실시 방법 및 점수 해석

외톨이(가명)는 20살 신입생이며, 외동으로 기숙사에 거주 중인 남자 대학생이다. 입학 후 일주일 만에 두통이 심하고 속이 울렁거리고 토하고 싶어져서 병원을 찾았는데 신체적으로 문제가 없다는 진단을 받았다. 병원 의사가 스트레스로 인한 심리적인 원인이 있을 수 있으니 상담센터를 가 보라고 해서 개인 상담을 신청했다고 했다. 상담 초기에 외톨이와의 눈맞춤이 매우 어려웠으며 한 달 정도 지나서 상담자를 보면서 회기를 진행하였다. 상담 기간은 주 1회 총 24회기(3월~12월)로 상담을 마무리하였다.

첫 회기 심리검사를 시행했을 때 심각한 우울함이 나타났으며, 문장완성검사(SCT)에서
○ 내가 잊고 싶은 두려움은 "스스로 죽음으로 내몰지도 모른다는 것이다."
○ 내가 늘 원하기는 "자살하고 싶다." 라고 작성하였으며 죽음에 대한 생각을 빈번하게 한다고 말했다. 한편 외톨이는 "죽고 싶다는 생각을 늘 하지만 지금 당장 죽을 마음은 없어요."라고 말하며 구체적인 자살계획은 없다고 했다. 상담자는 자살선별척도를 실시하여 외톨이의 상태를 점검하였고, 외톨이가 자살방지서약서를 작성하도록 안내하였다.

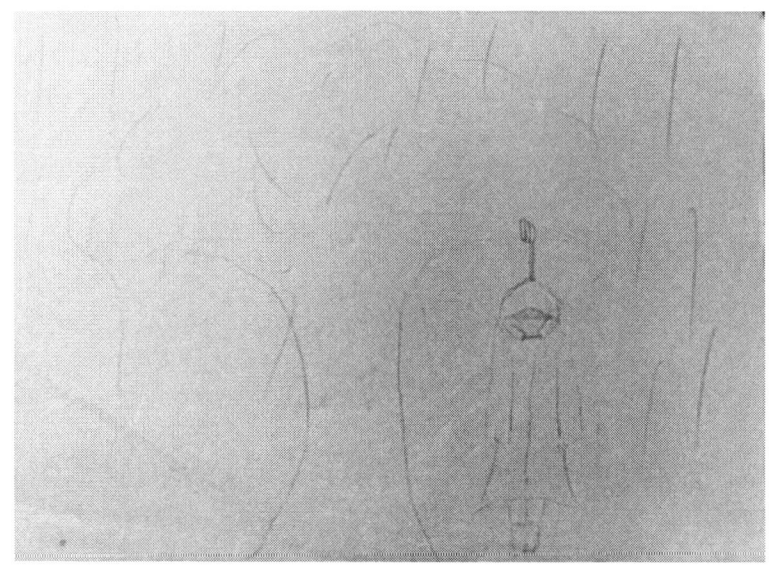

〈사진 2〉 첫 회기 심리검사 때 외톨이가 그린 PITR

상담회기에 나타난 외톨이의 발달사를 통해 외톨이의 자살생각과 현재의 우울상태를 파악할 수 있었다. 외톨이는 시골의 작은 초등학교 졸업한 후, 집에서 통학 거리가 먼 중학교에 입학했다. 원거리 배정으로 인해 외톨이가 졸업한 초등학교 친구들이 거의 없었다고 한다. 중학교에 입학한 첫 주에 반 아이에게 뺨을 맞고 난 뒤로 그때의 충격으로 인해 주변 사람들, 특히 또래와 대화를 하지 않게 되었다고 한다. 학교에서 선생님이 아닌 누구와도 대화하지 않았다. 중학교와 고등학교 학교생활에 관해 이야기 들어보니 혼자 수업을 듣고 혼자 급식실을 가고 혼자 책을 읽고 혼자 공부를 했다고 한다. 만약 조별 수행을 해야 하면 선생님께 말씀드려 혼자서 과제를 하여 개별 제출했다고 한다. 외톨이 말에 의하면 이렇게 또래와 교류를 하지 않고 중학교와 고등학교 생활은 하는 것이 그리 어렵지 않았다고 하며 이런 삶이 외톨이 자신에게는 편하다고 했다. 자신을 잘 모르는 사람, 일반인에게 먼저 말을 거는 것은 어렵지만 선생님이나 부모님에게 말하는 것은 어렵지 않다고 하였다.

외톨이의 사례를 정리해 보면 어린 시절 대인관계에서의 피해로 인해 정서적으로 자기를 소외시키고 지속해서 타인과의 관계를 단절한 상태가 지속되었다고 할 수 있다. 자살사고가 높게 나타나고 스스로 죽음으로 내몰지도 모른다는 두려움에 사로잡히기도 한다. 상담 초기에 50년 뒤에 안락사하는 것이 삶의 목표라고 말했으며 외톨이가 스스로 바라본 장래는 어둡고 야망이 없었다. 그러나 매주 상담을 진행하면서 한 번도 빠진 적 없고 10분 전에 와서 상담을 기다리는 모습을 보니 일반적인 우울이나 자살생각을 하는 내담자와는 차이가 있었다. 외톨이의 이러한 성실한 참여로 인해 지속적이고 안정적인 상담이 가능하였고 이를 통해 상담 중기부터 외톨이의 학교생활은 변화되기 시작했다.

상담이 종결될 때쯤 외톨이가 학과에서 성적장학금을 받았다는 소식을 전했다. 그리고 지도교수님의 추천으로 총장님 간담회에 학과대표로 참가하게 되었다고 했다. 24회기 상담하는 동안 외톨이가 타인을 바라보는 시각에 큰 변화가 있었다. 그는 타인과 교류하는 것이 자기 행복에 도움이 된다는 것을 새롭게 알게 되었다고 한다. 여전히 팀프로젝트는 어려운 과제이지만 외톨이가 이야기하면 또래 동급생 학생들이 생각보다 자신의 이야기를 들어주고 긍정해 주는 모습에 자신감이 더 생겼다고 한다.

이러한 외톨이의 성장에 가장 크게 기여한 사람은 용기를 내어 상담실을 찾은 외톨이 자신이다. 외톨이는 한 번도 빠지지 않고 상담을 참여했으며 적극적인 탐색을 진행했다. 그 과정에서 상담자와 진솔한 이야기 나누었으며 통찰을 통해 자기 자신을 더욱 잘 이해할 수 있게 되었다. 그리고 관련하여 알려주는 방법들에 대해 적극적으로 실행하면서 변화하고자 노력했다. 상담실을 찾고 자신의 어려움을 이야기하면서 상담자와 치료적 동맹을 맺을 수 있었기 때문에 성공적인 종결을 할 수 있었다. 이러한 과정을 통해 외톨이는 변화했고 성장했다. 도움이 필요하면 도움을 요청할 수 있어야 하는 용기가 필요하다.

표 3. 자살선별척도 SIQ (Reynolds Suicidal Ideation Questionnaire)

이름 :　　　　　　연령　　세　　성별 : 남/여　　작성일　　년　　월　　일

> 아래에는 사람들이 때때로 할 수 있는 생각들이 제시되어 있습니다. 다음의 문항들을 자세히 읽어보시고, 지난 달 동안에 당신이 얼마나 자주 그런 생각을 했는지를 "자주 그런 생각을 했다"에서 "전혀그런 생각을 하지 않았다"까지 해당되는 번호에 ○ 표 해 주십시오.

문항	그런 생각을 하지 않았다	↔				자주 그런 생각을 했다
1. 내가 살아있지 않은 편이 차라리 나을 것이라고 생각했다.	0	1	2	3	4	5	6
2. 자살을 할까 생각했다.	0	1	2	3	4	5	6
3. 어떻게 자살할 것인가에 대해 생각해 봤다.	0	1	2	3	4	5	6
4. 언제 자살할 것인가에 대해 생각해 봤다.	0	1	2	3	4	5	6
5. 사람이 죽어가는 것에 대해 생각해 봤다.	0	1	2	3	4	5	6
6. 죽음에 대해서 생각했다.	0	1	2	3	4	5	6
7. 자살할 때 유서에 무엇이라고 쓸 것인가에 대해서 생각했다.	0	1	2	3	4	5	6
8. 내가 원하는 것을 유언장으로 만들어 둘 생각을 했다.	0	1	2	3	4	5	6
9. 사람들한테 내가 자살하려 한다는 것을 말 할까 생각했다.	0	1	2	3	4	5	6
10. 내가 없으면 주위 사람들이 더 행복할 것이라고 생각했다.	0	1	2	3	4	5	6
11. 만일 내가 자살한다면 사람들이 어떻게 느낄까 생각했다.	0	1	2	3	4	5	6
12. 살아 있지 않기를 바랐다.	0	1	2	3	4	5	6
13. 모든 것을 끝장내 버리는 게 얼마나 쉬울까 생각했다.	0	1	2	3	4	5	6
14. 내가 죽어버리면 모든 문제가 해결될 것이라고 생각했다.	0	1	2	3	4	5	6
15. 내가 죽는다면 다른 사람들이 더 편해질 것이라고 생각했다.	0	1	2	3	4	5	6
16. 기회가 있다면 자살할 것이라고 생각했다.	0	1	2	3	4	5	6
17. 사람들이 자살하는 방법에 대해 생각했다.	0	1	2	3	4	5	6

다음 페이지에 설문이 계속됩니다.

문항	그런 생각을 하지 않았다 ↔ 자주 그런 생각을 했다						
18. 자살 생각을 했지만, 실제 행동으로 옮기지는 않을 것이다.	0	1	2	3	4	5	6
19. 큰 사고를 당하는 것에 대해 생각했다.	0	1	2	3	4	5	6
20. 인생은 살 가치가 없다고 생각했다	0	1	2	3	4	5	6
21. 내 인생은 너무 형편없이 엉망이어서 더 이상 살아갈 이유가 없다고 생각했다.	0	1	2	3	4	5	6
22. 내 존재를 알리는 유일한 방법이 자살하는 것이라고 생각했다.	0	1	2	3	4	5	6
23. 내가 자살하고 나면 사람들은 내게 무관심했던 것을 후회하게 될것이라고 생각했다.	0	1	2	3	4	5	6
24. 내가 죽거나 살거나 아무도 관심을 가지지 않을 것이라고 생각했다.	0	1	2	3	4	5	6
25. 정말로 자살할 의도는 아니지만 자해하는 것을 생각 했다.	0	1	2	3	4	5	6
26. 내가 자살할 수 있는 용기가 있을까를 생각했다.	0	1	2	3	4	5	6
27. 상황이 더 좋아지지 않으면 자살하겠다고 생각했다.	0	1	2	3	4	5	6
28. 자살할 권리가 있었으면 좋겠다.	0	1	2	3	4	5	6

자살선별척도(SIQ)실시 방법 및 점수 해석

척도내용	◇ 대상 청소년이 또래집단에 비해 어느 정도 자살생각을 가지고 있는지를 측정하기 위함 ◇ 자살선별척도(SIQ)는 많은 청소년들이 우울하지는 않지만 자살생각을 보인다는 관찰로부터 제작된 척도
실시방법	자기보고식
채점방법	각 문항의 점수를 합하여 계산함
해석지침	※ 점수의 범위 : 0점~180점 ◇ 62~76점 : 또래집단에 비해 자살생각을 많이 하는 편임 (평균 1달에 1번 이상) ◇ 77~90점 : 또래집단에 비해 자살생각을 많이 상당히 많이 하는 편임 (평균 1달에 2-3번) ◇ 91점 이상 : 또래집단에 비해 자살생각을 매우 많이 함 (평균 1달에 3번 이상) ▶ 주의 : 자살에 대한 생각과 이를 실제 행동으로 옮기는 것 간에는 차이가 있을 수 있지만, 일단 자살 생각이 다른 학생들에 비해 많은 것으로 나타나면 대학의 학생상담센터로 연락해서 전문상담을 받는 것이 바람직함

도움이 필요할 때 유용한 정보

<24시간 상담 가능한 전화>

☎ 119 : 긴급 전화, 응급상황, 구조 신고

☎ 129 : 보건복지상담센터 (긴급복지, 보건의료, 자살, 학대, 정신건강 관련 상담)

☎ 1393 : 자살예방상담전화 (365일 24시간 전국 어디서나 전화하면 전문상담사와 연결)

☎ 1588-9191 : 생명의 전화

☎ 1577-0199 : 정신건강 상담 전화

**Tip : 청소년 법적 나이는 9세~24세까지예요. 대학생 여러분도 도움을 받을 수 있어요.

<전국 무료 상담 가능한 전화>

서울특별시청소년상담복지센터	02-2285-1318
경기도청소년상담복지센터	031-248-1318
부산광역시청소년상담복지센터	051-804-5001
대구광역시청소년상담복지센터	053-659-6240
대전광역시청소년상담복지센터	042-1388
인천광역시청소년상담복지센터	032-721-2300
광주광역시청소년상담복지센터	062-226-8181
강원특별자치도청소년상담복지센터	033-256-9803
경상북도청소년상담복지센터	054-1388
경상남도청소년상담복지센터	055-711-1388
전라북도청소년상담복지센터	063-274-1388
전라남도청소년상담복지센터	061-280-9005

성폭력피해자통합지원센터(해바라기센터)

해바라기센터 - 위기지원형		해바라기센터 -통합형	
경찰병원	02-3400-1700	서울 서울대병원	02-3672-0365
보라매병원	02-870-1700	부산 부산대병원	051-244-1375
서울의료원	02-3422-4101	경기남부 아주대병원	031-215-1117
부산의료원	051-501-9117	경기북서부 명지병원	031-816-1375
대구의료원	053-556-8117	경기중부 순천향대부천병원	032-651-1375
인천의료원	032-582-1170	강원서부 강원대병원	033-252-1375
인천성모병원	032-280-5678	강원동부 강릉동인병원	033-652-9840
조선대병원	062-225-3117	강원남부 원주세브란스병원	033-735-1375
의정부의료원	031-874-3117	경북동부 포항성모병원	054-278-1375
안산단원병원	031-364-8117	경남서부 경상대병원	055-754-1375
청주의료원	043-272-7117	충남 단국대병원	041-567-7117
전북대병원	063-278-0117	전남 영광기독병원	061-351-4375
성가롤로병원	061-727-0117	전북서부 원광대병원	063-859-1375
안동의료원	054-843-1117	제주 한라병원	064-749-5117
김천제일병원	054-439-9600		
마산의료원	055-245-8117		

대학생을 위한
미술을 만난 심리치료

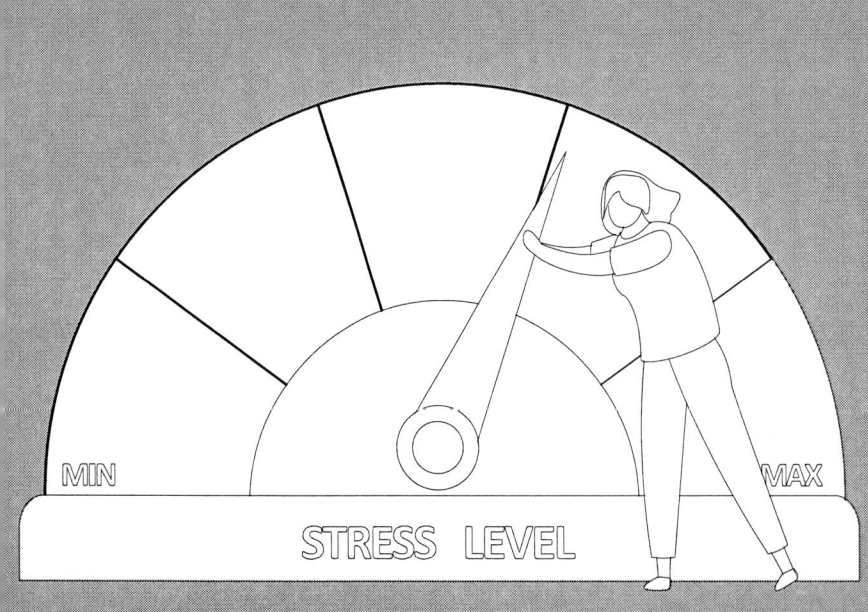

Part **2**

내면 들여다보기

Workbook of Psychotherapy in Art

Task 6
PITR 빗속의사람검사

● 준비물: 연필(2B), 지우개, 종이

개발자 : 프랑스 심리학자 Fay, H. M (1924)가 "A Lady-Walking-in-the-Rain" 빗속을 걷는 여성을 그려주세요라는 지시로 아동(6세-10세)을 위해 개발함. 미국에서 여성이 아닌 일반 사람으로 변경하였으며 한 장의 종이에 '빗속의 사람을 그려주세요.'라는 지시어를 활용하여 person-in-the-rain으로 바꾸어 사용하고 있음.

채점기준 개발자 : Heidi S. Lack (1996)

지시어

"비가 내리고 있습니다. 빗 속에 있는 사람을 그려주세요. 만화나 막대기 같은 사람이 아닌 완전한 형태의 사람을 그려주세요."

Lack, H. (1996). *The Person-in-the-rain projective drawing as a measures of children's coping capacity: A concurrent validity study using Rorschach, psychiatric and life history variables.* Unpublished doctoral dissertation. University of California.

스트레스(stress)와 스트레스 요인(stressor)

스트레스는 어떤 외부의 자극 때문에 우리가 겪는 긴장, 각성, 불안 등과 같은 생리적·심리적 반응을 의미한다(Selye, 1956). 스트레스 요인은 스트레스를 일으키게 하는 원인을 일컫는다. 이를테면 상심이가 대학교에서 캠퍼스 커플(CC)이었다가 졸업하기 전 이별을 경험하며 크게 상심을 하여 학교생활이 힘들다면, 이 이별이라는 조건(stressor)으로 인해 상심이는 스트레스(stress)를 받아서 힘들 수 있다. 우리는 살아가면서 다양한 스트레스 요인으로 인해 스트레스를 받고 살아간다. 대개 시간이 지나면 그 환경에 적응하면서 스트레스 수준이 점차 감소하기도 한다. 심각한 스트레스가 아닌 경우에는 보통 개인마다 가지고 있는 대처능력에 따라서 스트레스 수준을 조절할 수 있기 때문이다. 하지만 갑작스럽고 극심한 스트레스는 트라우마와 스트레스와 관련된 장애를 유발할 수도 있다.

스트레스 증상

스트레스 증상은 크게 신체적 증상과 심리적 증상으로 나눌 수 있다. 신체적 증상은 피로, 두통, 불면증, 가슴 두근거림, 답답함 등으로 드러난다. 심리적 증상은 불안, 짜증, 우울, 좌절, 분노, 혼란스러움, 집중력 감소 등으로 나타난다.

스트레스 완화 활동

명상, 마음챙김, 이완 기술, 예술표현, 운동, 음악 듣기, 자연에서 시간 보내기 등

Selye, H. (1956). *The Stress of Life*. NY: McGraw-Hill.

빗속의 사람 그림 검사 PDI

1. 얼마나 오랫동안 비가 내리고 있죠?

2. 빗속의 사람은 누구인가요?

3. 이 사람의 현재 기분은 어떤가요?

4. 이 사람은 무엇을 하고 있나요?

5. 이 사람에게 필요한 것은 무엇일까요?

6. 그림 그린 순서는 어떻게 되나요?

Lack 채점기준

빗속의 사람그림검사는 "비"가 내리는 스트레스 상황을 피검자가 어떻게 대처하는지 평가하는 검사이다. 아무리 스트레스가 높다 할지라도 스트레스를 대처할 수 있는 자원이나 대처능력이 있다면 이 스트레스 환경을 극복할 수 있을 것이다.

Lack(1996)이 개발하고 타당화한 채점기준이다. S1~S8까지는 해당되는 것이 있으면 1점, 없으면, 0점이다. S9~S16까지는 해당하는 대상의 숫자만큼 점수를 부여해야 한다. 예로 S9의 물 웅덩이가 2개라면 점수에 2를 적는다. S1~S16까지의 총 합을 스트레스 점수에 기재한다. 자원 척도는 [R1~R16까지 합]에서 [R17~R19까지의 합]을 뺀 점수를 기재한다. 끝으로 대처점수는 자원 점수에서 스트레스 점수를 뺀 점수를 적는다.

표 4. Lack(1997)의 PITR 채점기준

\<스트레스 척도\>			\<자원 척도\>			\<대처능력 척도\>		
번호	항목명	점수	번호	항목명	점수	번호	항목명	점수
S1	비가 없다		R1	보호장비가 있다		R17	나체	
S2	비가 있다		R2	우산이 있다		R18	신체 일부의 생략	
S3	비가 많다		R3	우산을 들고 있다			(머리, 눈, 코, 입	
S4	비의 스타일		R4	다른 보호장비			몸통, 목, 팔, 손	
S5	비의 방향		R5	적절한 크기의 보호물			손가락, 다리, 발)	
S6	비가 닿았다		R6	보호장비가 이상 없다			이 중에서 없는	
S7	사람이 젖었다		R7	비옷			것마다 1점	
S8	바람		R8	비 모자				
S9	물 웅덩이		R9	장화		R19	치아가 보인다	
S10	물 웅덩이에 서 있다		R10	인물이 옷을 입고 있다				
S11	다양한 비의 스타일		R11	얼굴 전체가 보인다				
S12	다중 강수		R12	얼굴의 미소				
S13	번개가 친다		R13	중심에 있는 인물				
S14	번개에 맞았다		R14	인물의 크기				
S15	구름		R15	전체 인물				
S16	먹구름		R16	끊어짐 없는 선의 질				
	스트레스 점수			자원 점수			대처능력 점수	

Lack, H. (1996). *The Person-in-the-Rain Projective Drawing as a Measure of Children's Coping Capacity: A Concurrent Validity Study Using Rorschach, Psychiatric and Life History Variables*. Unpublished Doctoral Dissertation, Los Angeles CA: The California School of Professional Psychology.

Task 7
불쾌한 감정 단어장

🎯 **준비물**: 필기류, 색파스텔, 휴지, 물티슈

문득 불쾌하고 불편한 감정들이 느껴질 때가 있나요? 어떤 감정들은 극도로 묘사하기 힘들 정도로 지독히 싫은 감정들이가 있을 수 있어요. 이 시간을 통해 불쾌한 감정들을 들여다보고 어떻게 다루는지도 살펴보기로 해요.

"불편한 감정 단어장"의 단어들 중에서 여러분에게 친숙하게 다가오는 감정들에 동그라미를 해 주세요. 과거에 여러분들을 괴롭혔던 감정이었거나 현재에도 느껴지는 감정들을 골라주세요. 감정을 들여다보고 하나의 감정을 골라 그림으로 표현해 주세요.

외로운   화난   버려진   공포스러운
  지친   혼란스러운   거부된   우울한
슬픈   강박적인   증오하는   수치스런
  비판적인   존중받지 못하는   열등한   당혹스러운
굴욕적인   흠 잡히는   원통한   힘이 없는
  이해하기 어려운   무시당하는   좌절한   하찮은
억압된   덫에 걸리는   들어주지 않는   지지받지 못하는
  속이는   죄책감   학대를 당하는   불신
두려운   공격당하는   안전하지 않은   보이지 않는
  사랑받지 못하는   겁먹은   불안한   무관심한
원하지 않는   텅 빈   염려하는   격노한
  위협적인   무서운   의심스러운   소스라치게 놀라는
위축된   겁에 질린   무시당하는   조롱당하는
  부서질 것 같은   무기력한   기진맥진한   짜증스러운

날짜 :

제목 :

Story of Work

Task 8
Dot-to-Dot 점에서 점으로

🔘 **준비물**: 검정색 마커(혹은 점을 찍을 수 있는 굵은 펜), 색연필, 색싸인펜

개발자: Ron D. Hays

Florence Cane이 처음 개발한 난화(scribbling)기법을 착안하여 자연스러운 난화를 그리기 어려워하거나 주저하는 아동에게 적용하기 위하여 Dot-to-Dot기법을 만들었어요. 아래의 글을 읽으면서 천천히 따라 해 보세요.

진행절차
1. 책상 위에 종이를 가로로 두고 종이의 폭이 어느 정도인지 손으로 가장자리를 잡아보고 종이 밖으로 그림이 그려지지 않도록 크기를 파악해 주세요.
2. 검은색 마커를 손을 쥐고 눈을 감은 후 30초 동안 자유롭게 움직이면서 검정색 점을 천천히 무작위로 찍어주세요. (종이 밖에 점을 찍지 않도록 유의하세요.)
점 찍는 속도를 빠르게 하기도 하고 천천히 찍기도 하면서 좌-우 위-아래로 전체적인 화면에 점이 고루 찍힐 수 있도록 해 주세요.
3. 30초가 지나면 눈을 뜨고 검은색이 아닌 색연필 혹은 색싸인펜의 색을 한 가지 골라 검은 점을 한 번에 이어지도록 연결해 주세요. 이 때 점들을 한 붓 그리기처럼 모두 한 선으로만 연결해야 해요. 의도적인 이미지를 표현하려고 추가로 검은 점을 넣지 말아주세요.
4. 검은 점들을 한 선으로 다 이은 형태가 완성되었다면, 그 그림(종이)을 30cm 정도 멀리 두고 어떤 느낌의 이미지가 보이는지 찾아주세요. 왼쪽으로 90°씩 계속 돌리면서 어떤 이미지가 흐릿하게 보이는지 탐색을 해 주세요.
5. 종이를 돌리면서 어떤 이미지를 찾았다면, 다른 색연필, 싸인펜을 활용하여 그 탐색한 이미지가 무엇인지 색을 칠하고 추가로 그림을 덧그리면서 완성해 주세요.

날짜 :

그림의 제목

무엇을 그렸나요?

그리면서 어떤 생각을 하게 되었는가요?

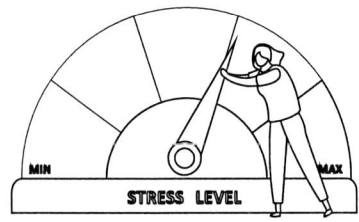

Task 9
내면의 문

● **준비물**: 가위, 연필, 지우개, 색연필, 파스텔, 오일파스텔 등 다양한 채색 매체

종이에 점선으로 표시된 부분(1)은 가위로 잘라 주시고, 굵은 점선(2)은 접어서 문의 형태로 접어주세요. 종이를 접은 상태에서 문을 표현해 주세요.

점선 1   점선 2

··························   — — — — — — —

지시어:
당신의 "생생한" 감정이 느껴지는 내면의 문을 그릴 거예요. 이 문은 당신의 내면으로 들어가는 입구의 문이에요.

만약 누군가가 이 문에 접근하기로 선택한다면, 그들에게 이 문은 어떻게 보일까요? 그 문은 나무, 쇠, 대나무 등등으로 만들어져 있는지, 창문이 있는지 엿보는 구멍이 있는지, 자물쇠가 있나요? 당신의 문은 어떤 색인지를 생각해 보세요. 당신이 중요하다고 생각하는 것은 무엇이든 그것이 완성된 느낌이 들 때까지 그림을 그려주세요.

날짜 : _____

제목 : _____

Story of Work

Part2 : 내면 들여다보기

←잘라 주세요　　　　　　　　　접어 주세요
　　　　　　　　　　　　　　　　↓

←잘라 주세요　　　　　　　　　↑
　　　　　　　　　　　　　접어 주세요

Task 10
비밀정원

● 준비물: 연필, 지우개, 색연필, 파스텔, 오일파스텔 등 다양한 채색 매체

내면의 문 과업을 마쳤다면, 이제 그 문을 열고 당신의 내면의 성역에 들어갔다고 상상을 해 보세요. 내면의 문을 열고 들어가 보니, 당신은 당신의 정서나 감정이 반영이 된 정원(garden)이 그 곳에 있다는 걸 발견합니다. 그 정원은 꽃, 식물, 채소, 과일, 잡초 등으로 구성되어 있을 수도 있고 아닐 수도 있습니다. 당신의 정원이 어떤 모습일지 그려주세요.

당신의 정원에 대하여 이야기 해 주세요.

그 정원은 번창하고 있나요? 아니면 시들어 가고 있나요?

혹시 정원사가 필요한가요?

당신의 내면의 정원은 얼마나 균형 잡혀 있는가요? 불안정하나요?

여기 메모에 당신의 비밀정원에 대해 말해 줄 수 있나요?

Task 11
좋아하는 날씨 그림검사

◉ 준비물: 연필, 지우개, 16색 크레파스

아동과 청소년의 심리상태를 살펴보고자 Manning(1987)이 개발함.

지시어

"좋아하는 날씨를 그려 보세요."

Manning, T. M. (1987). Aggression depicted in abused children's drawings. *The Arts in Psychotherapy, 14*(1), 15-24.

날짜 :

제목 :

Story of Work

Task 12
한 번도 보내 본 적 없는 편지

◉ **준비물: 가위, 펜**

당신이 한 번도 써 본 적 없는, 감히 누구에게 보낼 수 없는 그런 편지를 한 번 써 보려고 해요. 그 편지를 받을 사람이 누군지 한번 생각해 봐요. 그 사람을 생각하면서 당신이 하고 싶었던 말을 한번 생각해 보세요.

차마 말할 용기가 없어서 미뤄두었고, 그래서 하지 못했던 그런 말을 생각해 보세요. 아마도 타이밍이 맞지 않아서 못 꺼냈던 말들, 상대방에게 상처를 줄까 봐 염려가 되어서 주저했던 말들을 생각해 보세요. 당신은 그냥 감정을 꾹 참거나 혹은 중요하지 않다고 그냥 덮고 넘어가자고 했던 그런 일들이 있을 수 있을 거예요.

만약 당신의 솔직한 감정이 밖으로 드러날 기회가 있다면 어떤 일이 일어날 것이라고 생각하나요?

이 편지는 아무에게도 보내지지 않을 편지예요.

잠시 호흡을 천천히 하고 이 순간 괜찮다고 여겨지면 아무도 볼 수 없으나 아주 중요한 편지를 한번 적어 보세요.

.... (다음 페이지 편지를 다 쓴 후 진행하기)

아주 중요하고 진솔한 편지를 썼다면, 이제 가위를 가지고 절취선을 따라 편지지를 오려 주세요.

아주 천천히 그 편지지를 들여다 보면서 속으로 편지글을 읽어 봐 주세요.

충분히 읽었다면, 이젠 이 편지를 아무도 볼 수 없도록 편지지를 찢어주세요.

찢어진 종이가 바닥에 떨어지지 않게, 준비된 비닐봉투에 담아서 버려주세요.

버리고 나니 좀 후련해졌을까요?

메모장에 찢어 버리고 난 뒤에 소감이 어떤지 적어주세요.

날짜 :

제목 :

Story of Work

To.

From.

To.

From.

학고(학사경고자)가 뭐예요?

학사경고는 대학교에서 요구하는 최저학점을 충족하지 못하면 대학 측이 학생에게 내리는 경고를 말하고 이를 줄여서 학고라고도 부른다.

학사경고자는 흔히 대학생의 학업 실패와 학교 부적응을 알려주는 지표로 활용되기도 한다. 학사경고로 인해 대인관계의 어려움을 가지고 휴학이나 중도에 학업을 포기하는 상황에 이르기 때문에 인생 전반에 문제를 일으키기도 한다.

대학에서 학사경고자 학생들을 면담해 보면, 그들은 다양한 이유로 학사경고자가 된다. 학사경고라 하면 학습적인 부분에서 기초학력이 부족한 것이 이유라고 쉽게 생각할 수 있겠지만 실제로는 경제적인 이유로 아르바이트나 취업활동을 하느라 결석으로 전체 수업 일수를 채우지 못하는 경우가 다수이다. 또한 기대했던 과목에서 기대와 다를 경우 흥미를 잃고 전공 불만족으로 인해 그 수업을 들어가지 않은 학생도 있다. 한편 정해지지 않은 수업시간표, 공강 시간, 혼밥 등 중·고등학교와 다른 학교생활 스타일에 적응하지 못해 학교생활에 전반적인 동기가 부족한 학생도 있다. 성인기가 되면서 청소년기에 경험하지 못한 자유가 주어지면서 음주, 자취 생활, 게임중독 등으로 인해 시간 관리에 어려움을 겪는 학생들도 있다.

학사경고자 학생에 대해서는 학업, 진로, 대인관계, 경제문제 등 문제유형별 요인을 탐색 한 후 그에 맞는 개입을 하여 원활한 학교생활로 이끌어야 한다. 학사경고 학생들에게 학사경고를 탈출한 학생들의 성공사례를 공유하거나, 학교생활 노하우를 전달할 수 있는 멘토-멘티 프로그램을 제공하면 학생들에게 도움이 될 것이다.

대학생을 위한
미술을 만난 심리치료

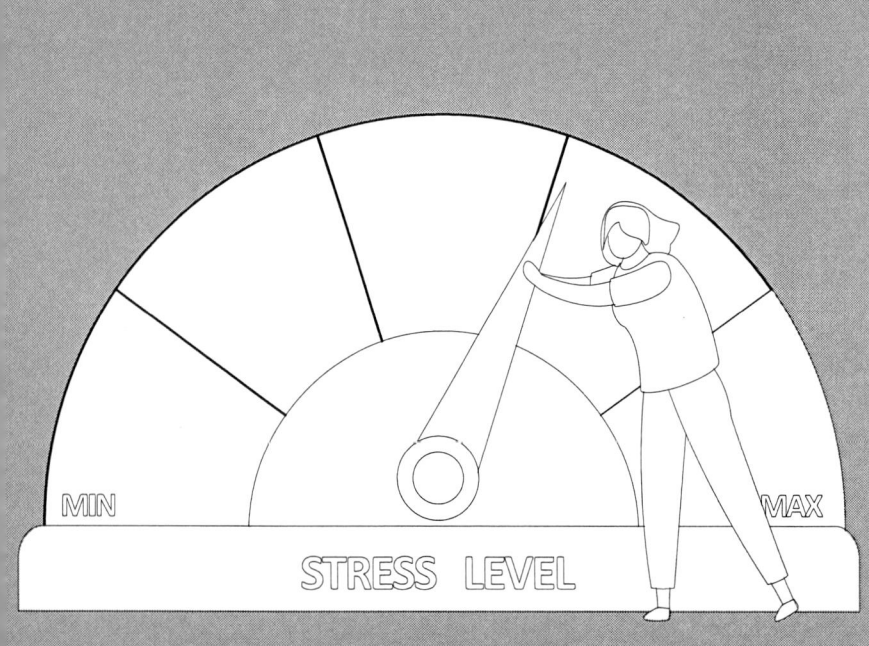

Part 3

주변인과의 나

Workbook of Psychotherapy in Art

가족화 작업에 들어가기에 앞서...

다음의 가족화 시리즈는 상담자와 내담자의 라포 관계가 형성되고 난 뒤에 작업을 하는 것을 권장한다. 왜냐하면 가족 역동을 파악하는 것은 내면에 대한 많은 이야기를 끄집어내는 작업이므로 초기의 치료적 동맹이 잘 맺어져 있지 않다면 내담자로부터 저항을 쉽게 불러일으킬 수 있기 때문이다.

역동적 가족화(KFD), 동그라미 중심 가족화(FCCD)는 Burns(1990)이 개발하고 임상현장에서 많이 활용되고 있다. 의사표현이 자유로운 청소년, 대학생, 성인의 경우는 대체로 많이 활용되는 KFD와 FCCD를 활용하면 되나, 아동의 경우에는 동물가족화나 물고기 가족화를 통해 은유적인 방법으로 가족관계를 탐색하는 것을 권장한다.

여러분이 생각하는 가족은 누구인가요?

가족은 대체로 혈연 및 혼인으로 관계되어 부모, 자식, 부부 등의 관계로 맺어져 한 집에서 함께 생활하는 공동체이다. 최근 한부모가정, 재혼가정, 다부모가정, 다문화가정, 조손가정, 비혼모 출산 등 가족 개념의 재의미화로 인해 가족 구성이 다양해지고 있다.

Task 13

FCCD 동그라미 중심 가족화
(Family-Centered Circle Drawing : FCCD)

● **준비물:** 종이, 연필, 지우개

동그라미 중심 가족화는 연령제한 없이 실시할 수 있다.

Burn(1990)이 개발한 검사로 차례로 3장의 그림(1, 2, 3유형)을 그리게도 하지만, 나이가 어린 아동이나 여러 장을 그리기 힘들어하는 내담자에게는 1,2,3 유형을 사용하지 않고 4유형을 독립적으로 실시하기도 한다.

1유형: 동그라미 중심 어머니 그림
2유형: 동그라미 중심 아버지 그림
3유형: 동그라미 중심 자신 그림
4유형: 동그라미 중심 부모-자녀 그림

지시어:
"원 중심에 어머니를 그리세요. 그리고 원의 주변에는 그려진 인물에 대해서 자유롭게 떠오르는 대로 그려 주십시오. 인물은 전체 인물을 그려주세요. 막대기 모양의 사람이나 만화 같은 그림으로 그리지 마세요."

1유형, 2유형, 3유형 대상에 따라 위의 동일한 지시어로 그림을 그리게 한다.

날짜 : _____

제목 : _____

Story of Work

1유형: 동그라미 중심 어머니 그림

날짜 :

제목 :

Story of Work

2유형: 동그라미 중심 아버지 그림

날짜 :

제목 :

Story of Work

3유형: 동그라미 중심 자신 그림

Task 14
PSCD 동그라미 중심 부모자녀화

● 준비물: 종이, 연필, 지우개

4유형은 Parents-Self-Centered Drawing (PSCD)라고 불린다.

지시어는 다음과 같다.

"원 중심에 부모와 자신을 그리세요. 막대기 모양의 사람이나 만화 같은 그림이 아닌 온전한 사람의 모습을 그려주세요. 그리고 원의 가장자리 주변에는 그 사람을 떠올릴 수 있는 무엇이든 그려주시면 됩니다."

날짜 :

제목 :

Story of Work

동그라미 중심 부모-자녀 그림

미술을 만난 심리치료

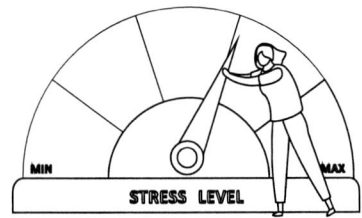

Task 15
KFD 동적가족화

● 준비물: 종이, 연필, 지우개

Burns와 Kaufman(1970)은 기존 가족화(Draw-A-Family: DAF)를 변형하여 한 장의 그림에 가족이 무엇인가를 하고 있는 그림을 그리게 하는 기법을 고안하고 이를 해석하는 지표를 구성하였다. 동적가족화는 한 장의 그림으로 해당 가족의 역동성을 파악할 수 있다는 장점이 있다.

지시어:
"당신을 포함해서 당신의 가족 모두가 무엇인가를 하고 있는 그림을 그려 보세요. 만화나 막대기 모양의 사람이 아닌 완전한 사람을 그려주세요."

Burns, R. C., & Koufman, S. H. (1970). *Kinetic Family Drawing*. NY: Brunner & Mazel Publishers.

미술을 만난 심리치료

날짜 :

제목 :

Story of Work

날짜 : _____   본인나이 : _____

성별 : _____

1. 그림에 그려진 사람이 누구인지 왼쪽부터 오른쪽까지 적으세요.

2. 상징

아버지상에 사용된 상징:

어머니상에 사용된 상징:

자기상에 사용된 상징:

기타 인물에 사용된 상징:

3. 활동 내용

인물	활동내용
1. 자신	
2. 어머니	
3. 아버지	
4. 형, 오빠	
5. 누나, 언니	
6. 남동생	
7. 여동생	
8. 기타	

4. KFD의 역동성 (모눈종이 사용)

1) 신장(cm)

   자기(   )   아버지 (   )   어머니 (   )   기타 (   )

2) 자신의 위치 :

3) 가족 구성원 간의 거리(cm) 자신으로부터 떨어진 거리

   어머니   아버지   그 외

4) 그린 순서 :

5) 인물의 위치 :

6) 인물의 방향 :

7) 가족 외 타인 묘사 :

[쉬어가는 글]

의미 있는 타인(significant others)이란 무엇일까요?

첫째, 나에 대한 사회적 지지자 역할을 하는 타인을 의미합니다. 내가 어려움에 처하거나 도움이 필요할 때, 의미 있는 타인은 정서적 또는 경제적 지원을 해 줍니다.

둘째, 자기평가에 중요한 영향력을 미치는 사람을 의미 있는 타인이라 합니다. 자기평가를 할 때 인간은 타인의 의견과 평가를 통해 자기를 평가하게 됩니다. 따라서 상호적 영향력을 크게 줄 수 있는 사람을 의미 있는 타인이라 할 수 있습니다.

셋째, 성격이나 가치관 등 유사성이 많을수록 더 의미 있는 타인으로 여겨지는 경향이 있습니다.

사람마다 의미 있는 타인의 기준은 다릅니다. 발달 시기에 따라서 달라지기도 합니다. 대개 어린 시기에는 양육을 담당하고 일차적으로 사회화 과정을 알게 해 주는 부모님(주 양육자)인 의미 있는 타인이라 할 수 있습니다. 이후 친구, 교사, 연인, 그리고 배우자로 의미 있는 타인의 범주가 넓어지기도 합니다. 인간관계에서 의미 있는 타인들과 관계가 원만해야 삶의 만족도도 높아집니다.

Kiesler, D. J. (1996). *Contemporary Interpersonal Theory and Research: Personality, Psychopathology, and Psychotherapy*. NY: John Wiley & Sons.

Task 16
The Bird's Nest Drawing 새둥지화

● 준비물: 8.5×11 inch (흰 8절지), 2B연필, 지우개, 8개 색마커

지시어:

"새 둥지를 그려주세요."

Kaiser, D. H. (1996). Indications of attachment security in a drawing task. *The Arts in Psychotherapy, 23*(4), 333-340.

Harmon-Walker, G., & Kaiser, D. H. (2015). The Bird's Nest Drawing: A study of construct validity and interrater reliability. *The Arts in Psychotherapy, 42*, 1-9. https://doi.org/10.1016/j.aip.2014.12.008

미술을 만난 심리치료

날짜 :
제목 :

Story of Work

Task 17
BATSE 간단한 미술치료 선별 평가
(Brief Art Therapy Screening Evaluation)

● 준비물: A4용지, 연필(2B), 지우개

개발자: Nancy Gerber

지시어:
"두 사람이 한 장소에서 무엇인가를 하고 있는 모습을 그려 주세요."

Gerber, N., & Lyons, S. J. (1980). A developmental approach to assessment in adult art psychotherapy. *The Arts in Psychotherapy, 7*(2), 105-112.

날짜 :

제목 :

Story of Work

Task 18
Dragon's Treasure 용의 보물

● 준비물: 연필, 지우개, 색연필

지시어 : 이야기를 듣고 당신의 생각을 그림으로 표현해 주세요.

"당신은 머나먼 여행을 떠났습니다. 여행 도중 갑자기 선지자가 나타나 용이 사는 동굴을 알려줍니다. 그 동굴에 금은보화가 가득한 보물상자가 있지만, 그곳에는 무시무시한 용이 살고 있습니다. 선지자는 당신이 그 보물을 찾아올 용사라고 말합니다. 어떻게 그 보물상자를 가져올 수 있을까요?"

날짜 :

제목 :

Story of Work

Task 19
LMT 풍경구성기법

● **준비물:** 테두리가 그려져 있는 B4나 B5의 흰 종이, 검정 싸인펜, 24색 크레파스

풍경구성기법(Landscape Montage Technique: LMT)는 일본의 나카이 히사오 의사가 조현병 환자들과 면담 때 1:1 방식으로 사용하던 기법(1969)을 기정희 외(2012)가 LMT 번역본을 출간하면서 국내에 소개되었다.

지시어 :

지금부터 제가 말하는 것을 말할 때마다 하나씩 그 테두리 안에 그려서, 전체가 하나의 풍경이 되도록 해 주세요.

먼저 강을 그려 주세요. (강을 다 그리고 나면)

강을 다 그렸으면, 다음은 산을 그려 주세요. (기다린 후)

산을 다 그렸으면, 다음은 밭을 그려 주세요.

밭을 다 그렸으면, 다음은 길을 그려 주세요.

길을 다 그렸으면, 다음은 집을 그려 주세요.

집을 다 그렸으면, 다음은 나무를 그려 주세요.

나무를 다 그렸으면, 다음은 사람을 그려 주세요.

사람을 다 그렸으면, 다음은 꽃을 그려 주세요.

꽃을 다 그렸으면, 다음은 동물을 그려 주세요.

자 이제 마지막으로 돌입니다. 돌을 그려 주세요.

혹시나 더 추가해서 그리고 싶은 부분이 있으면 더 그려주세요.

다 그리셨다면, 이제 채색을 해서 완성해 주세요.

표 5. 풍경구성기법(LMT)의 채점 기준 (기정희, 김갑숙, 최외선, 박주령, 2012)

전체 및 요소		지표	전체 및 요소		지표
전체		통합성	전체		채색의 정도
		공간사용면적			채색의 현실성
		형태의 사실성			색의 수
		요소생략			혼색
요소	강	면적	요소	집	출입구
		흐름의 형태			창문
		강의 연결		나무	가지의 수
		다리			형태 (수관)
	산	면적		사람	움직임
		길과의 연결			얼굴표정
	밭	면적		꽃	꽃의 수
		작물		동물	동물의 수
	길	면적			
		종류		돌	돌의 수
		원근법			

가이토 아키라 /기정희 역(2012). 풍경구성기법. 서울: 학지사
Ki, J., Choi, W., Kim, G., & Park, J. (2012). Landscape Montage Technique as an assessment tool for schizophrenia patients. *The Arts in Psychotherapy, 39*, 279-286.

Tip!

LMT는 조현병 환자를 위해 만들어진 기법이기 때문에 시작 전에 라포형성이 필요하며, 그림을 그리고 싶어하지 않으면 언제든 중지할 수 있음을 알려줘야 한다. 적당한 크기의 방에 통풍이 잘되고 창이 있는 방에서 1:1로 진행하는 것이 필요하다. 그림 그리기 시작 전에 내담자 옆에 평행으로 앉거나 90° 위치의 자리에 앉는다.

풍경구성기법 PDI

1. 그린 날짜

　　　　년　　　　월　　　일

2. 이 그림에 대해 설명해 주세요.

3. 강은 어디에서 어디로 흐르고 있나요?

4. 이 그림의 계절은 무엇입니까?

5. 여기 산은 얼마나 멀리 있습니까? 산이 높은가요?

6. 여기 사람은 이 집에 사는 사람인가요?

7. 그림을 그리면서 가장 어려웠던 부분은 어떤 것이였나요?

8. 이 그림을 그리고 나니 기분은 어떠합니까?

풍경구성기법에서의 상징

☐ 강 : 무의식의 흐름을 나타낸다. 강을 지나치게 크게 그리거나 지나치게 물이 많은 강을 그린 경우 무의식에 지배되는 신경증적 상태일 수도 있다. 강 주변에 돌이나 콘크리트 방파제를 쌓았다면 지나친 경계로 강박경향이 있을 수도 있다.

☐ 산 : 그림을 그리는 사람의 주어진 상황과 앞으로의 전망을 나타낸다.
산의 개수가 여러 개라면 극복해야 할 문제의 수가 많다는 걸 의미한다.
산이 멀리있지 않고 근거리에 있다면 어려움이 많음을 의미한다.

☐ 밭(논) : 수확기, 풍요로움을 의미한다. 논에 모를 심고 있을 때나 벼가 번성해서 곧 수확을 앞두고 있을 때 등을 그린다면 이는 그린 사람의 마음을 담고 있다고 할 수 있다. 피검자가 학생이면 밭에서 일하는 사람을 종종 그리는데 이것은 밭에서 일하는 근면성과 관련이 있을 수 있다. 반면 학령기 학생인데, 수확하지 않고 벼, 작물에 관심이 없다면 공부나 학업에 대해 소홀하다고 해석할 수도 있다.

☐ 길 : 의식이며 인생에 대한 방향을 의미한다. 길은 인생을 의미하므로 대부분 명확하고 연결되어 있도록 의식적으로 그리는 경우가 많다. 그러나 길이 끊어져 있거나 막혀 있는 모습으로 그려졌다면 그에 대한 장애물을 의미할 수 있다. 길이 강위의 다리로 연결되는 모습으로 그려졌다면 그에 대한 장매물을 의미할 수 있다. 길이 강 위의 다리로 연결되는 경우 결혼을 의미하기도 한다. 길모양이 지나치게 굴곡져 있다면 험난한 인생을 경험하고 있다고 할 수 있다. 특히 산을 따라서 길을 그린 경우 지나치게 성취지향적일 수도 있다.

☐ 집, 나무, 사람은 HTP에서 다루는 상징과 흡사하다.
집 - 가정상황, 나무 - 무의식적 자아상, 사람 - 의식적 자기상 또는 왜곡된 모습

☐ 꽃: 아름다움과 사랑을 상징한다. 그러나 지나치게 많은 꽃은 조현병과 연결되고 조현병 환자들 경우 꽃을 많이 그렸으나 그들은 대개 색칠을 잘 하지 않는다.

☐ 동물: 동물 이미지가 가진 그 자체의 상징을 그대로 활용할 수 있다. 예로 큰 동물은 큰 에너지를 의미하고 작은 동물이나 반려동물은 인간과 친숙하다고 여길 수 있다. 동물의 크기는 그림 속에 그려진 사람과 비교하여 지나치게 크거나 작은지 확인할 수 있다.

☐ 돌: 돌은 단단한, 냉정, 불변성이라는 의미가 있다. 만약 큰 돌이나 바위로 그림 전경에 배치하여 가로 막고 있다면 치료에 큰 방해가 되고 어려움이 있을 수 있다. 대개 일반적으로 돌을 눈에 띄지 않게 존재를 알아차리지 못하게 작게 그리기도 한다. 돌을 집 주변에 둘러싼 것으로 그렸다면 가정사에 대해 말하고 싶지 않거나 현재 가정에 어려움이 있을 수도 있다.

[쉬어가는 글]

걱정이와 희망이의 학점에 대한 고민

중간고사 전공과목에서 B-을 받은 걱정이와 대화하는 중

긍정이: 안녕? 걱정아, 잘 지내?

걱정이: 아니, 모든 게 엉망이야. 오늘 중간고사 성적을 확인했는데 **전공에서 B-를 받게 되었어.

긍정이: 그래? B-면 그리 나쁘지는 않네. 기말고사에는 더 잘 볼 수 있을 거야.

걱정이: 제정신이야? 그리 나쁘지는 않다니 그게 무슨 말이야? B- 라고, 이게 뭘 뜻하는지 정말 몰라서 그러는 거니?

긍정이: 모르겠는데, 뭔데?

걱정이: B-를 받았다는 건 **전공에서 결코 A+을 못 받는 뜻이라고. 전체 A를 받지 못하면 과 Top을 할 수 없게 되고, 그러면 졸업 후에 내가 가고자 하는 한국대학교에 못 간단 말이야. GPA가 좋지 않으면 취업도 안된다고 했어, 난 이제 정말 망했어. (낙심한 표정으로) 이제 아무것도 안 할래.

긍정이: 지금 무슨 소리를 하는 거야? 지금 중간고사에서 한번 B-를 받았을 뿐이잖아. 남은 시험을 잘 치면 충분히 A를 받을 수 있어. 조금 여유를 가지고 생각해봐. 이제 겨우 대학교 2학년이잖아. 3학년, 4학년 때 학점을 만회할 기회가 있을 거야.

걱정이: 됐어! 긍정이 넌 이해 못 해. 난 이제 끝났어. 내 미래도 마찬가지야.

중간고사 전공과목에서 B-을 받은 희망이와 대화하는 중

긍정이: 안녕? 희망아, 잘 지내?

희망이: 아니, 모든 게 엉망이야. 오늘 중간고사 성적을 확인했는데 **전공에서 B- 를 받게 되었어.

긍정이: 그래? B- 면 그리 나쁘지는 않네. 기말고사에는 더 잘 볼 수 있을 거야.

희망이: 제정신이야? 그리 나쁘지는 않다니 그게 무슨 말이야? B- 라고, 이게 뭘 뜻하는지 정말 몰라서 그러는 거니?

긍정이: 모르겠는데, 뭔데?

희망이: 아, 그래? 나쁘지 않은걸까? 난 B- 받으면 큰일이라고 생각했는데, B-를 받았다는 건 **전공에서 결코 A+을 못 받는 뜻이라고. GPA가 좋지 않으면 취업도 안된다고 했어. 난 이제 정말 망했어. (낙심한 표정으로) 이제 아무것도 안 할래.

긍정이: 지금 무슨 소리를 하는 거야? 지금 중간고사에서 한번 B- 를 받았을 뿐이잖아. 남은 시험을 잘 치면 충분히 A를 받을 수 있어. 조금 여유를 가지고 생각해봐. 이제 겨우 대학교 2학년이잖아. 3학년, 4학년 때 학점을 만회할 기회가 있을 거야.

희망이: 흠, 그래... 생각해 보니 네 말에 일리가 있는 것 같아. 내가 너무 지나쳤던 것 같아, 그치? B- 한 번 받았다고 내 남은 인생이 엉망이 되는 건 아니지. 하지만 이번 기말고사에 A+를 받기는 쉽지 않을 거야. 정말 A+ 받으려면 더 열심히 공부해야 하겠어. 남은 시간 동안 열심히 하면 A+ 를 받지 못하더라도 A- 까지는 끌어올 수 있을 거야. 다른 과목들은 잘하고 있으니, 지금 **과목만 더 열심히 하면 좋은 GPA를 받을 수 있을 거야. 고마워, 긍정아. 많은 도움이 되었어.

위 두 대학생(걱정이와 희망이)는 같은 상황이지만 미래를 어떻게 바라보느냐에 따라 행동하는 결과가 달라지게 됩니다. 어떤 이는 걱정이처럼 불안과 우울에 사로잡혀 낙담하기도 하고, 또 다른 이는 희망이처럼 부족한 부분에 대해 공부를 더 집중하겠다는 의지를 다질 수도 있습니다. 세상에 모든 일이 자기가 기대한 바대로, 원하는 결과를 모두 얻을 수 있는 것은 아닙니다. 다만 어렵거나 곤란한 상황을 마주했을 때, 최악으로 일어날 수 있는 비극적인 상황으로 결과를 예견하게 되면, 노력할 필요가 없어진다는 생각이 들어서 보다 쉽게 포기하게 됩니다. 이렇게 스스로 포기하게 되면 주어진 기회와는 점점 더 멀어지는 결과를 초래합니다.

물론 나쁜 학점 받을 수도 있습니다. 나쁜 사건과 사고가 일어날 수도 있습니다. 그 때 이렇게 한번 생각해 보세요.

"이 일로 일어날 수 있는 가장 최악의 결과는 무엇인가?"
"이 일로 일어날 수 있는 가장 최상의 결과는 무엇인가?"
"이 일로 일어날 가능성이 가장 큰 결과는 무엇인가?"

위 질문들을 순서대로 생각해 보세요. 그렇다면 가장 나쁜 결과가 발생할 가능성을 줄이기 위해 여러분은 생각하게 될 것입니다. 그리고 보다 좋은 결과가 발생할 가능성을 높이기 위해 여러분이 할 수 있는 일을 떠올릴 수 있게 됩니다. 그리고 보다 긍정적인 결과를 원하는 여러분이 바라는 대로 그렇게 결과가 만들어질지도 모릅니다.

Seligman, M. (2007). *The Optimistic Child: A Proven Program to Safeguard Children Against Depression and Build Lifelong Resilience.* Mariner Books: MA.

대학생을 위한
미술을 만난 심리치료

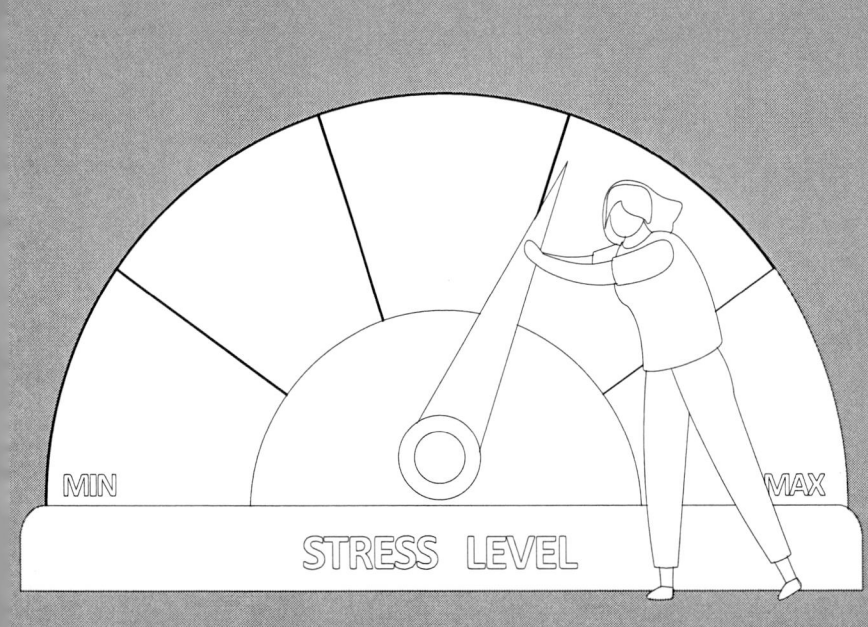

Part 4

변화하는 나

Workbook of Psychotherapy in Art

[쉬어가는 글]

가지 않은 길
- 로버트 프로스트

노란 숲 속에 길이 두 갈래로 갈라져 있었습니다.
안타깝게도 나는 두 길을 다 갈 수 없는
한 사람의 나그네라 오랫동안 서서
한 길이 덤불 속으로 꺾여진 데까지
바라다볼 수 있는 한 멀리 내려다 보았습니다.
그리고 똑같이 아름다운 다른 길을 택했습니다.
그럴 만한 이유가 있었습니다.
거기에는 풀이 더 무성하고 사람들이 걸은 자취가 적었습니다.
하지만 그 길을 걸으므로 해서
그 길도 거의 같아질 것입니다.

그 날 아침 두 길을 똑같이
아무에게도 밟히지 않은 채 낙엽으로 덮여 있었습니다.
아, 나는 훗날을 위해 한 길은 남겨 두었습니다!
길은 다른 길에 이어져 끝이 없음을 알기에
내가 다시 돌아올 것을 의심하면서

훗날에 먼 훗날에 나는 어디에선가
한숨을 쉬며 이 이야기를 할 것입니다.
숲 속에 두 갈래 길이 갈라져 있었다고
나는 사람이 적게 간 길을 택했다고
그리고 그것으로 모든 것이 달라졌다고…

Task 20
Bridge Drawing 다리그림검사

● 준비물: 8.5×11 inch (흰 8절지), 2B연필, 지우개

개발자: Ron D. Hays

지시어

1단계: 한 장소에서 다른 한 장소로 연결되는 다리를 그리세요.

2단계: (다리를 다 그렸으면) 화살표로 진행방향을 표시하세요.

3단계: 그림 속의 당신의 위치를 점으로 표시하세요.

4단계: 종이 뒷면에 나이와 성별을 적고, 원한다면 그림에 관해 설명을 써 주세요.

Hays, R., & Lyon, S. (1981). The bridge drawing: A projective technique for assessment in art therapy. *The Arts in Psychotherapy, 8*(4), 207-217.

날짜 : _____

제목 : _____

1. 이 다리는 어디에서 어디로 이어진 다리인가요?

2. 다리의 재질은 무엇으로 이뤄져 있나요? (예. 시멘트, 나무, 철근, 밧줄 등)

3. 다리 연결 부위는 견고한가요? 이 다리는 안전한 다리인가요?

4. 다리 아래에 무엇이 있을까요? 깊이가 많이 깊을까요?

5. 다리그림을 완성한 후 소감을 적어주세요.

미술을 만난 심리치료

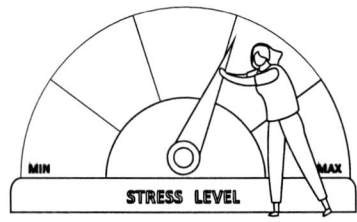

Task 21
내 몸의 불편감

● 준비물: body 테두리, 붉은색 마커, 바디스캔 명상법

　이번에는 Task 7 불쾌한 감정 단어장(p. 75)에서 동그라미를 했던 감정을 다시 찾아보고, 당신의 신체에 머물고 있는 불편하고 불쾌한 감정을 탐색하여 매듭을 짓는 과업을 하고자 합니다.

　천천히 눈을 감고 편안한 자세로 호흡을 하세요. 코로 천천히 숨을 들이마시고, 그 다음 휴~ 소리를 내면서 천천히 숨을 내 뱉습니다.
　천천히 호흡하면서 바디스캔 명상법을 활용합니다.

　눈을 감은 채로 당신이 가지고 있는 불편한 감정이 머물러 있을 수 있는 신체를 느껴보세요. 천천히 바디스캔을 마쳤다면 눈을 뜨고 다음 페이지의 인체테두리를 확인해 주세요. 바디스캔을 통해 불편함을 느꼈던 한 곳을 붉은색 마커로 표시해 주세요.
　글쓰기페이지에 보이는 신체에 그 불편한 감정을 표시하고 무슨 감정인지 적어주세요.

날짜:

제목:

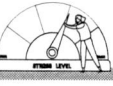 Story of Work

신체의 어느 부분에서 불편한 감정이 들어있는지 표시한 후,

그 부분이 왜 불편한지 어떻게 하다가 불편한 감정을 느끼게 되었는지 적어주세요.

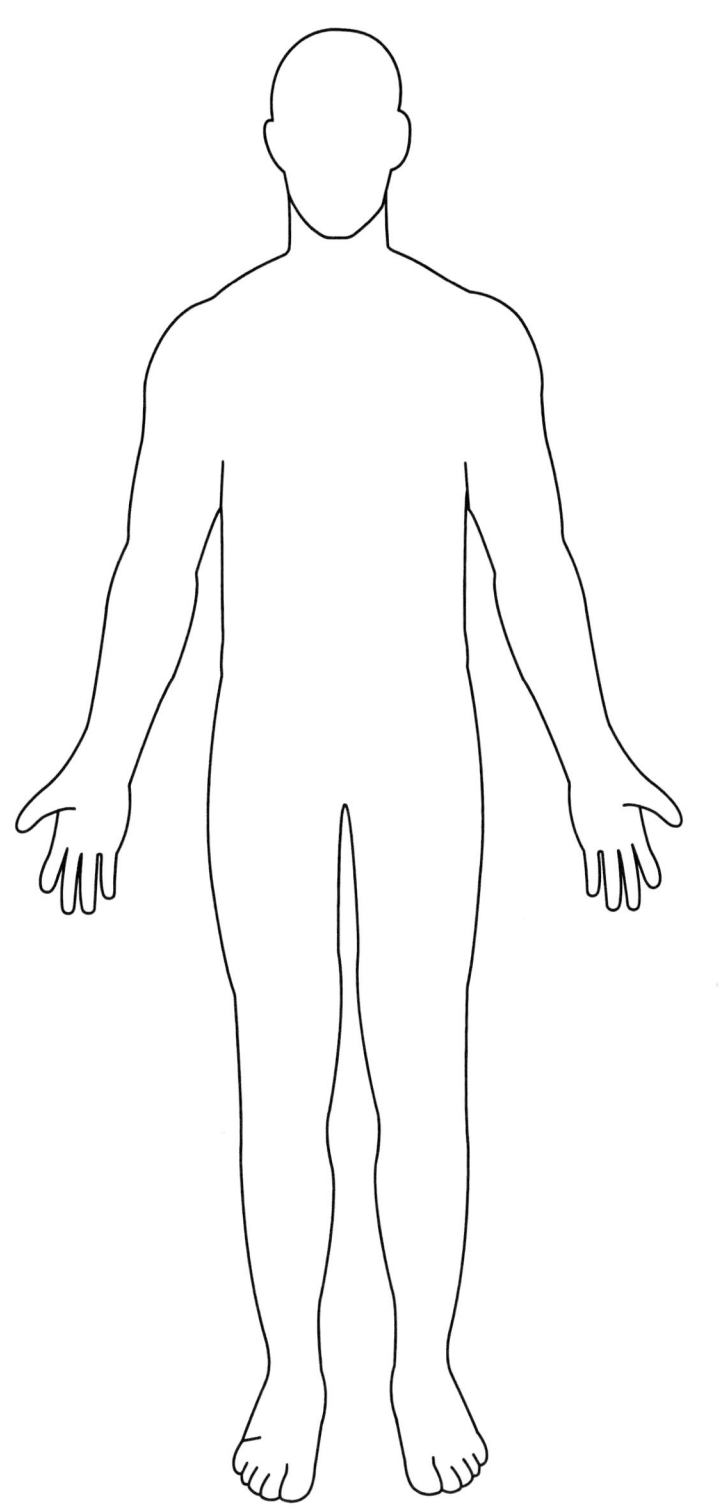

Task 22
나의 지원군

● 준비물: A4용지, 색연필, 파스텔 등 채색도구

  Task 21 내 몸의 불편감 과제 후에 A4 용지를 그림 위에 올리고 붉은색으로 표시된 부분만 다시 A4용지에 표시합니다. 이제 인체 테두리는 보이지 않고 붉은색 표시만 남게 됩니다. 이제 이 부분을 다루기 위한 당신만의 방법이 무엇인지, 어떤 이미지로 이 부분을 다룰 수 있는지 생각합니다. 어떤 조력자가 있을 수도 있고 아니면 어떤 반창고를 붙이거나 약으로 다룰 수도 있을 것입니다. 해당 표시된 부분을 어떤 이미지로 가리거나 다른 매개체로 승화시킬 수도 있습니다. 당신만의 방법으로 이 불편감을 다루어 보고 그에 대한 그림을 완성 시켜 보세요.

날짜 : _____

제목 : _____

1. 아픈 지점은 다른 이미지로 변화하였나요? 어떤 이미지로 승화되었을까요?

2. 아픔을 변화시키는 데 당신의 도움을 주었던 지지자가 있었나요? 누가 떠오르나요?

3. 그림을 그리고 난 뒤의 소감을 적어보세요.

Task 23

PPAT 사과따는사람그림검사
(Person Pick an Apple from a Tree)

◉ **준비물:** 8절 흰 도화지, 12색 마커(끝이 각진 마커)
빨간, 분홍, 자주, 주황, 노랑, 연두, 초록, 밝은 파랑, 진한 파랑, 보라, 갈색, 검정

미술교육자 Lowenfeld가 처음 사용하였고, 미술치료사 Gantt(1990)가 환자들에게 사용하여 증상에 따라 달라짐을 확인하여 FEATS 채점 척도를 개발하고 타당화시켰다.

지시어:

"사과나무에서 사과를 따는 한 사람을 그려 보세요"

Gantt, L., & Tabone, C. (1998). *The Formal Elements Art Therapy Scale: The Rating Manual.* Morgantown, WV: Gargoyle Press.

날짜 : _____

제목 : _____

1. 당신은 사과를 땄나요?

2. 사과를 따기 위해 어떤 노력을 했나요?

3. 그림을 그릴 때 어땠는지 소감을 적어보세요.

표 6. FEATS채점기준(Gantt & Tabone, 1998)

항목	FEATS 채점 기준
#1 색칠정도 prominence of color	0점: 그림을 그리지 않았거나 지시 외의 다른 재료로 사용하여 채점할 수가 없음 1점: 외곽선만 그리고 형태의 안을 색칠하지 않음 2점: 하나의 형태 혹은 대상만 색칠함(예, 나무둥치 혹은 사람) 3점: 두 가지 혹은 그 이상을 색칠하나 전체 형태를 색칠하지는 않음 4점: 형태의 외곽도 그리고 모든 대상 형태의 안을 색칠함 5점: 모든 대상 형태를 색칠하고 배경까지 색칠함(예, 하늘 색)
#2 색 적절성 Color Fit	0점: 그림을 그리지 않았거나 지시 외의 다른 재료로 사용하여 채점할 수가 없음 1점: 한 가지 색만 사용(노랑, 분홍, 주황, 자주, 보라, 밝은 파랑, 남색) 2점: 한 가지 색만 사용(빨강, 연두, 초록, 갈색, 검정) 3점: 몇 개의 색이 적합하나 모두 다 적합하지 않게 사용됨 4점: 대부분의 색이 적합하게 사용됨 5점: 모든 색이 적합하게 사용됨
#3 내적에너지 Implied Energy	0점: 그림을 그리지 않았거나 지시 외의 다른 재료로 사용하여 채점할 수가 없음 1점: 최소한의 에너지가 그림에 나타남 2점: 적은 에너지가 그림에 나타남 3점: 보통의 에너지가 그림에 나타남 4점: 상당한 에너지가 그림에 나타남 5점: 과도하게 지나친 에너지가 그림에 나타남
#4 공간 Space	0점: 그림을 그리지 않았거나 지시 외의 다른 재료로 사용하여 채점할 수가 없음 1점: 공간의 25% 미만이 사용됨 2점: 공간의 25% 정도로 사용됨 3점: 공간의 50% 정도로 사용됨 4점: 공간의 75% 정도로 사용됨 5점: 공간의 100% 정도로 사용됨
#5 통합 Integration	0점: 그림을 그리지 않았거나 지시 외의 다른 재료로 사용하여 채점할 수가 없음 1점: 전체적으로 통합되지 않았거나 대상이 서로 관련이 없어 보임 2점: 적어도 두 개의 대상이 다소 관련 있어 보이나 시각적으로 관련이 없음 3점: 시각적으로 두 개의 대상이 관련이 있음 4점: 시각적으로 세 개의 대상이 관련이 있음 5점: 전체적으로 잘 통합이 되어 있고, 잘 균형 잡혀 있고, 그리고 요소들이 겹쳐있기도 함(예, 그림의 깊이를 그리기 위해 나무가 수평선과 겹쳐 있기도 함)
#6 논리성 Logic	0점: 그림을 그리지 않았거나 지시 외의 다른 재료로 사용하여 채점할 수가 없음 1점: 전체적으로 논리적이지 않거나 기이한 대상이 네 가지 이상 존재함 2점: 기이한 대상이 세 가지 이상 존재함 3점: 기이한 대상이 두 가지 이상 존재함 4점: 기이한 대상이 한 가지 이상 존재함 5점: 기이한 대상이 없고 전체적으로 논리적임
#7 사실성 Realism	0점: 그림을 그리지 않았거나 지시 외의 다른 재료로 사용하여 채점할 수가 없음 1점: 피검자가 사람, 사과, 나무를 그리고자 했으나 알아보기가 어려움 2점: 대상을 알아 볼 수 있지만 매우 단순하게 그렸음 (예, 나무둥치가 하나의 선으로 그려져서 마치 막대사탕처럼 보임) 3점: 대상을 알아 볼 수 있지만 간단하게 그렸음(예, 둥치, 가지, 잎이 있음) 4점: 대상을 사실적으로 묘사하였음(예, 둥치, 가지, 잔가지, 잎, 둥치의 질감표현) 5점: 대상을 매우 사실적으로 묘사하였음(예, 3차원으로 대상을 표현하고 나무에 그림자가 있음)

항목	FEATS 채점 기준
#8 문제해결력 Problem solving skills	0점: 그림을 그리지 않았거나 사과를 그리지 않아 채점할 수가 없음 1점: 사람의 손에 사과가 없거나 사과박스나 땅에도 사과가 없음 2점: 사람의 손에 사과가 있으나 어떻게 사과를 땄는지가 표현되지 않음 또한 사과가 사과박스 혹은 땅에 떨어지고 있음 3점: 사람이 사과를 땄는지가 묘사되어 있으나 현실적이지 않음 (예, 과도하게 팔을 늘려서 사과를 따고 있음) 4점: 사람이 땅 위에서 있거나 현실적인 지지대를 통해 사과나무에 도달하여 사과를 따려고 하고 있음 5점: 사람이 땅 위에서 있거나 현실적인 지지대를 통해 사과나무에 도달하여 사과를 땄으며 실제로 사과를 손에 가지고 있음
#9 발달단계 Developmental level	0점: 그림을 그리지 않았거나 지시 외의 다른 재료로 사용하여 채점할 수가 없음 1점: 난화기(낙서같은 표현) 2점: 전도식기(사람의 머리나 목에서 팔을 그리거나 기하학형태로 그림) 3점: 도식기(하늘선과 기저선이 있고 기저선 위에 대상이 나란히 있음) 4점: 청소년기(약간의 겹침이 존재하거나 다른 대상과 관련 있게 그려져 있음) 5점: 성인기(예술적으로 그려졌으나 고도의 훈련을 받은 사람의 그림 같음)
#10 세부묘사 및 환경묘사 Details of objects & Environment	0점: 그림을 그리지 않았거나 지시 외의 다른 재료로 사용하여 채점할 수가 없음 1점: 사과, 사과나무, 사람 외에 다른 세부묘사가 없음 2점: 사과, 사과나무, 사람 외에 지평선이나 풀이 있음 3점: 사과, 사과나무, 사람 외에 지평선이나 태양, 꽃 등 대상을 1-2개 더 그렸음 4점: 세부 묘사나 환경 묘사가 더 많이 표현됨(구름, 새, 다른 나무, 벨트, 머리핀) 5점: 세부 묘사나 환경 묘사가 풍부하게 표현됨(울타리, 셔츠 문양, 모자 리본)
#11 선의 질 Line quality	0점: 그림을 그리지 않았거나 지시 외의 다른 재료로 사용하여 채점할 수가 없음 1점: 통제력이 보이지 않는 선 2점: 끄적이며 그었거나 손 떨림이 보이는 선 3점: 부분적으로 끊겼거나 짧게 그은 선 4점: 무난하게 그은 선 5점: 유연하게 흐르는 듯 잘 그은 선
#12 사람 Person	0점: 그림을 그리지 않았거나 지시 외의 다른 재료로 사용하여 채점할 수가 없음 1점: 사람을 알아보기 어려움 2점: 사람으로 알아볼 수는 있으나 신체가 매우 단순하게 그려져 있음 3점: 막대기 모양의 사람형태에 눈, 코, 입 묘사가 없음 4점: 막대기 모양의 사람형태에 눈, 코, 입 묘사가 있음 5점: 신체 각 부분을 모두 묘사, 3차원적 대상의 인물
#13 회전 Rotation	0점: 그림을 그리지 않았거나 지시 외의 다른 재료로 사용하여 채점할 수가 없음 1점: 축이 90° 기울었음 2점: 축이 65~70° 기울었음 3점: 축이 45° 기울었음 4점: 축이 20~25° 기울었음 5점: 기울어진 대상이 없음
#14 보속성 Perseveration	0점: 그림을 그리지 않았거나 지시 외의 다른 재료로 사용하여 채점할 수가 없음 1점: 보속성이 매우 심함 2점: 보속성이 상당히 있음 3점: 보속성이 어느 정도 있음 4점: 보속성이 조금 있음 5점: 보속성이 전혀 없음

사과따는 사람검사의 내용척도

1. 그림의 방향 Orientation of Picture

| 가로 | | 세로 | |

2. 그림 전체에 사용된 색 Color Used in Whole Picture (사용된 모든 색을 체크하시오)

	파랑			밝은 파랑	
	빨강			보라	
	연두			초록	
	갈색			검정	
	분홍			자주	
	주황			노랑	

3. 사람 Person

사람으로 식별되는 것을 찾을 수 없다. (이 항목에 체크시 9번 문항으로 가시오)	
팔이나 손만이라도 사과를 잡거나 뻗고 있는 것처럼 보여진다.(이 항목에 체크시 3번과 8번 문항에 점수를 매기시오)	

4. 사람에 사용된 색 Color Used for Person
사람이나 사람들 (또는 팔 또는 손)을 그리는데 사용된 색 모두를 체크하시오. 만약 사람으로 식별할 수 없다면 이 부분은 체크하지 마시오.

	사람	#1	#2	#3
	파랑			
	밝은 파랑			
	빨강			
	보라			
	연두			
	초록			
	갈색			
	검정			
	분홍			
	자주			
	주황			
	노랑			

Task 24
안전지대 그리기

● 준비물: 8절지, 연필, 지우개, 크레파스

잠시 눈을 감고 천천히 호흡하면서 지금 알려드리는 지시에 따라 생각을 해 주세요.

지금까지 살아오면서 안전함과 편안함을 느낄 수 있었던 장소에 대해 생각합니다.
현실에 존재하는 장소가 될 수가 있고 상상 속의 장소가 될 수도 있습니다.
그 곳에 가면 당신은 아주 편안해질 것이며 안전함을 느낄 수 있습니다.

자 이제 당신이 생각한 안전한 장소를 그려보세요.

날짜 :

제목 :

1. 당신은 지금 어디에 있나요? 어느 공간이 안전하게 느껴지나요?

2. 그림을 그릴 때 어땠는지 소감을 적어보세요

Task 25

평정심 기르기

● **준비물:** 명상 음악, 가위, 풀, 잡지사진 콜라주

Peterson의 8주간 mindfulness art therapy intervention에서 한 기법을 소개하고자 합니다. 이 과제는 수행하기 전에 이제까지 포기하지 않고 이 회기까지 오게 된 자기 자신을 긍정해 주시길 바랍니다.

명상 음악을 잔잔히 틀고 천천히 호흡합니다.
호흡하면서 다음 지시어를 들어 주세요.
우리 주변에 다양한 감정이 일어납니다. 자발적으로 일어나는 감정에 대해 모두 반응하지 말고, 현 상태에 그냥 집중해 주세요.
천천히 호흡하면서 눈을 떠 주세요.
잡지에서 긍정, 부정, 중립적인 인물사진 1개씩을 골라 주세요.
이 잡지의 인물들은 당신을 대변하는 인물이고 긍정적인 감정이 있을 때 어떤 상태인지, 부정적인 감정이 있을 때 어떤 상태인지, 중립적인 감정이 있을 때 어떤 상태인지 골라서 오려서 이미지를 붙여주길 바랍니다.
각각의 이미지를 붙이고 말풍선으로 긍정, 부정, 중립을 적고, 그들의 생각을 적어주길 바랍니다. 긍정적일 때 어떻게 하면 중립적인 감정으로 변화시킬 수 있을지 그 방법도 1가지 적어주세요. 부정적일 때 어떻게 하면 중립적인 감정으로 변화시킬 수 있을지 그 방법도 1가지 적어주세요.

Monti, D. Peterson, C. Kunkel, E. Hauck, W. Pequignot, E. Rhodes, L. & Brainard, G. (2006). A randomized, controlled trial of mindfulness-based art therapy (MBAT) for women with cancer. *Psycho-Oncology, 15*(5), 363-373.

날짜:

제목:

Story of Work

Part4 : 갈등을 다루기 | 173

부정 Negative

중립 Neutral

긍정 Positive

Task 26
장점 마라톤

🎯 **준비물: 연필, 지우개, 필기도구**

당신은 무엇에 관심이 있나요? 당신의 장점은 무엇인가요? 당신은 무엇을 잘 하나요? 장점이 없다고요? 아직 당신의 숨은 장점은 아직 발견되지 않았을지도 몰라요. 학교생활을 하면서 주변 다른 학우보다 더 뛰어났던 적이 있나요? 당신은 쉽게 해결하였지만 다른 학우는 그 점을 해결하는데 어려움을 겪던가요? 잘하는 것을 한번 떠올려 볼까요?

당신이 좋아하는 것과 잘하는 것 (일, 활동, 취미) 등을 칸이 다 채워질 때까지 한번 작성해 보세요. 너무 거창하게 생각하지 마세요. 친구들의 이야기를 들어주는 것도 잘 하는 행동 중의 하나에 들어갑니다. 당신은 어떤 감정을 가질 때 에너지가 넘치나요? 긍정 정서를 지니는 것도 당신의 장점에 해당됩니다. 시간을 충분히 가지고, 천천히 자신을 되돌아 보면서 당신이 잘 하는 장점들을 기록해 보세요. Task 26까지 포기하지 않고 작업을 하고 있는 당신은 끈기가 있는 사람입니다. 사소한 것이라도 당신의 장점을 한번 발견해 보세요.

> <자신의 강점으로 정체감을 찾아가는 데 도움을 주는 질문리스트>
> 1. 현재 당신은 어떤 것에 관심이 있나요?
> 2. 지금 당신 생각에 3년 뒤에도 계속 위의 일에 관심을 가질까요?
> 3. 현재 당신은 어떤 것을 잘 하나요?
> 4. 현재 당신이 잘하는 어떤 일 중에서 좋아하는 일이 있나요?
> 5. 당신은 어떤 일을 하면서 무엇에 관심을 가지고 살아가나요?

[좋아하는 것]

1		26	
2		27	
3		28	
4		29	
5		30	
6		31	
7		32	
8		33	
9		34	
10		35	
11		36	
12		37	
13		38	
14		39	
15		40	
16		41	
17		42	
18		43	
19		44	
20		45	
21		46	
22		47	
23		48	
24		49	
25		50	

[잘하는 것]

1		26	
2		27	
3		28	
4		29	
5		30	
6		31	
7		32	
8		33	
9		34	
10		35	
11		36	
12		37	
13		38	
14		39	
15		40	
16		41	
17		42	
18		43	
19		44	
20		45	
21		46	
22		47	
23		48	
24		49	
25		50	

Task 27

강점 찾기

● 준비물: 연필, 지우개, 색연필, 색마커

아래의 강점과 능력들은 당신의 삶의 질을 높여줄 덕목들이에요. 아래의 표를 보고 당신이 가지고 있는 능력에 동그라미 표시를 해 주세요. 가장 동그라미가 많이 그려진 능력의 상위 덕목이 무엇인가요? 지혜, 인간애, 용기, 절제, 정의, 초월 중 하나의 주제를 골라 그림으로 표현해 주세요.

표 7. 6개의 덕목과 24개의 성격강점(Peterson & Seligman, 2004)

A 지혜		더 나은 삶을 위해서 지식을 습득하고 활용하는 것과 관련된 강점
1	창의성	어떤 일을 하면서 새롭고 생산적인 방식으로 생각하는 능력
2	호기심	일어나고 있는 모든 경험과 현상에 대해서 흥미를 느끼는 능력
3	개방성	사물이나 현상을 다양한 측면에서 철저하게 생각하고 검토하는 능력
4	학구열	새로운 기술, 주제, 지식을 배우고 숙달하려는 동기와 능력
5	지혜	사물이나 현상을 전체적인 관점에서 생각하고 다른 사람에게 현명한 조언을 제공해 주는 능력
B 인간애		다른 사람을 보살피고 친밀해지는 것과 관련된 대인관계적 강점
6	사랑	다른 사람과의 친밀한 관계를 소중하게 여기고 실천하는 능력
7	이타성	다른 사람을 위해서 호의를 보이고 선한 행동을 하려는 동기와 실천력
8	정서지능	자신과 다른 사람의 동기와 감정을 잘 파악할 뿐만 아니라 다양한 사회적 상황에서 어떻게 행동하는 것이 적절한지를 잘 아는 능력
C 용기		내적, 외적 난관에 직면하더라도 추구하는 목표를 성취하려는 의지와 관련된 강점
9	용감성	도전, 역경, 고통에 위축되지 않고 이를 극복하는 능력
10	진실성	진실하게 소통하는 능력
11	끈기	지속적으로 하고자 하는 일에 대해 완성하는 능력
12	활력	삶과 일에 활기와 에너지를 불어넣는 능력

	D 절제	지나침으로부터 우리를 보호해 주는 긍정적 특질로, 중용적인 강점
13	겸손	남을 존중하고 자기를 내세우지 않는 태도
14	신중성	조심스러운 선택을 해서 나중에 후회할 말이나 행동을 하지 않을 능력
15	용서	나쁜 일을 한 사람을 용서할 수 있는 능력
16	자기조절	자신의 다양한 감정, 욕구, 행동을 적절하게 조절하는 능력
	E 정의	건강한 공동체 생활과 관련된 사회적 강점
17	공정성	모든 사람에게 동등하게 대하고 공평한 기회를 주는 태도
18	시민의식	사회 속에 자신에게 주어진 임무와 역할을 인식하고 부응하는 태도
19	리더십	집단활동을 조직화하고 관리하는 능력
	F 초월	현상에 의미를 부여하고 우주와의 연결성을 추구하는 초월적 강점
20	감사	좋은 일을 알아차리고 그에 대해 감사하는 태도
21	낙관성	앞으로 일어날 일에 대해 희망을 가지고 성취하기 위한 노력하는 태도
22	심미안	다양한 삶의 영역에서 나타나는 삶의 아름다움을 인식하고 평가하는 능력
23	유머감각	현상에 즐거움을 느끼고 익살스럽게 표현할 수 있는 능력
24	영성	인생의 궁극적 목적과 의미에 대해 신념을 가지고 살아가는 태도

날짜:

제목:

Story of Work

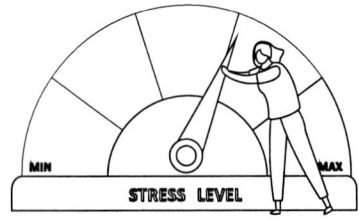

Task 28

S-CDT 협력그림검사
(Six-member Collaborative Drawing Test)

● 준비물: B1(78.5×109cm, 흰 도화지), 6개 검정 싸인펜, 6팩 12색 오일파스텔

개발자 : 박주령(2008), 채점기준 개발(박주령, 2016)

지시어

1단계: "이 검사는 3단계를 거쳐 6명이 함께 공동체를 그려서 완성하는 검사입니다. 여러분이 앉은 자리에서 여러분이 생각하는 집, 나무, 사람을 15분간 그려 자기영역을 그리는 단계입니다. 사람을 그릴 때는 막대기 형태의 사람이 아닌 온전한 사람의 형태로 그리고, 그 사람이 무엇인가 하는 모습으로 그려주십시오."

2단계: "6명이 함께 공동체를 그려서 완성하는 단계입니다. 서로 협력하여 25분간 공동 영역에 그림을 추가로 그려주십시오."

3단계: "마지막 단계입니다. 6명 모두가 협력해서 공동체 이름을 정하는 단계입니다. 공동체의 이름이 결정되면 마을 입구에 이름을 그려주십시오."

Park, J. (2008). *The Group Dynamics of the Collaborative Artwork by Group Members from the Korean Culture: A Phenomenological Study*. Unpublished Master's thesis. Drexel University. Philadelphia, PA.
박주령(2016). 공동화 참여자들의 협력적 상호작용 경험 연구: 협력적 그림검사(S-CDT)를 중심으로. **미술치료연구**, 23(4). 1171-1188.

표 8. S-CDT 채점기준표 : 개인 협력그림요소척도: I-CAES(8문항)

문항	개인 협력그림요소척도 (I-CAES)	전혀 아니다 0	조금 그렇다 1	그렇다 2	매우 그렇다 3
I-1 색칠정도	0점: 색이 전혀 칠해져 있지 않거나 선에만 색이 칠해져 있음 1점: 색칠 되지 않은 부분이 매우 많이 존재함. 2점: 3요소에 색이 칠해져 있으나 색칠 되지 않은 부분이 존재함 3점: 3요소 모두 색이 칠해져 있음				
I-2 색적절성	0점: 한 가지 색만 사용했다 1점: 색이 2-3가지로 몇 가지 색을 사용하였다 2점: 개인영역에서 한 가지 색을 부적절하게 사용하였다 3점: 개인영역의 모든 색을 적절하게 사용하였다				
I-3 세부묘사	0점: 배경 및 요소에 묘사가 전혀 없다(집, 나무, 사람만 단순하게 존재) 1점: 집, 나무, 사람에 묘사가 있다(장식물, 머리띠, 허리벨트) 2점: 1-2개의 부가적 주변 묘사물이 있다 3점: 집, 나무, 사람 주변에 상세한 환경 및 세부묘사가 되어 있다				
I-4 내적에너지	0점: 개인영역의 내적에너지가 매우 낮다 1점: 개인영역의 내적에너지가 조금 낮다 2점: 개인영역의 내적에너지가 조금 적절하다 3점: 개인영역의 내적에너지가 매우 적절하다				
I-5 크기조화	0점 타인과 전혀 조화롭지 못하다 1점 타인(1명)과 크기가 조화롭다(조금 조화롭지 않다) 2점 개인영역 크기가 타인과 조금 조화롭다(2-3명) 3점 개인영역 크기가 타인과 매우 조화롭다(4명 이상)				
I-6 톤조화	0점 타인과 전혀 조화롭지 못하다 1점 타인의 1명과 공동체 에너지가 조화롭다(조금 조화롭지 않다) 2점 개인영역 공동체 에너지가 타인과 조금 조화롭다(2-3명) 3점 개인영역 공동체 에너지가 타인과 매우 조화롭다(4명 이상)				
I-7 밀착	0점: 3요소 밀착되거나 2요소를 변형하여 그렸다 1점: 3요소 중 1요소가 생략되어 있다 2점: 3요소 중 2요소가 서로 밀착되어 있다 3점: 3요소 모두 서로 밀착되어 있지 않으며 자연스런 거리감이 있다				
I-8 경계선	0점 개인영역을 침범하였음 1점 침범하지는 않았으나 개인영역이 서로 맞닿아 있음 2점 개인간의 거리가 맞닿거나 간격이 5cm 이내로 비교적 근접하게 붙어 있음 3점 타인과의 거리가 10cm 떨어져 있듯이 자연스럽게 떨어져 있음				

표 9. S-CDT 채점기준표 : 협력그림요소척도: G-CAES(7문항

문항	집단 협력그림요소척도 (G-CAES)	전혀 아니다 0	조금 그렇다 1	그렇다 2	매우 그렇다 3
G-1 개체수 다양성	0점: 공동영역이 없거나 공공영역에 개채가 전혀 다양하지 않다 1점: 공공영역에 개체가 별로 다양하지 않다 2점: 공공영역에 다양한 이미지가 조금 존재한다(5개 미만) 3점: 공공영역에 다양한 이미지가 많이 존재한다 (5개 이상)				
G-2 공동영역 조화	0점: 공동영역이 존재하지 않는다 1점: 공동영역의 양식이 조금 조화롭지 못하다(비조화 3개 이상) 2점: 공동영역의 양식이 조금 조화롭다(비조화 1-2개 존재) 3점: 공동영역의 양식이 매우 조화롭다(비슷한 양식)				
G-3 공동영역 방향	0점: 공동영역이 존재하지 않는다 1점: 공동영역에서 구조물의 방향이 한방향이다 2점: 공동영역에서 구조물의 방향이 양방향이다 3점: 공동영역에서 구조물의 방향이 사방으로 열려 있다				
G-4 공동영역 크기	0점 공동영역이 존재하지 않는다 1점 공동영역의 크기가 1/6보다 매우 작다 2점 공동영역의 크기가 1/6 정도로 개인영역과 비슷하게 크다 3점 공동영역의 크기가 1/6 보다 더 크다				
G-5 공동영역 에너지	0점: 공동영역의 내적에너지가 매우 낮다 1점: 공동영역의 내적에너지가 조금 낮다 2점: 공동영역의 내적에너지가 조금 적절하다 3점: 공동영역의 내적에너지가 매우 적절하다				
G-6 공동영역 색칠정도	0점: 공동영역이 존재하지 않거나 선만 존재하고 채색되지 않았다 1점: 공동영역의 개체가 색칠되지 않은 것이 존재한다 2점: 공동영역에 모든 개체가 색칠되어 있다 3점: 공동영역의 주변의 배경까지 채색되어 있다				
G-7 공동영역 색 적절성	0점: 공동영역이 존재하지 않거나 한 가지 색만 사용했다 1점: 공동영역의 색이 조금 적절하지 못하다(비적절한 색 3개 이상) 2점: 공동영역의 색이 조금 적절하다(비적절한 색 1-2개) 3점: 공동영역의 색이 매우 조화롭다(모두 적절한 색 사용)				

S-CDT를 개발하게 된 배경

협력그림검사(Six-member Collaborative Drawing Test: S-CDT)는 저자가 석사과정 때 생긴 궁금증을 해결하고자 연구하다가 만들어지게 되었다.

대부분의 집단미술치료 세션은 치료사가 회기별 목표를 세우고 목적에 맞게 주제를 선정한 후 집단원에게 종이를 각각 제공하고 그 종이에 관련 주제를 개별적으로 그리게 한 뒤 소감 나누기로 마무리한다.

Wadeson(1995)은 벽에 종이를 붙이고 그리는 그림(mural)작업은 집단원들끼리 함께 작품을 완성을 하기 때문에 작업 후 서로 보람을 느낄 수 있다고 밝혔다. 그러나 집단 초기에 집단원끼리 함께 작업하게 되면 집단구성원의 불안감을 고조시키는 단점이 있다고 한다.

그러나 저자의 생각은 달랐다. 한 장의 종이에 여러 명이 그림을 함께 그리게 되면 그리는 과정을 통해 그들끼리 서로 더 알아갈 수도 있을 것으로 생각했다. 그래서 mural를 집단 초기에 사용해도 되느냐고 미국 대학의 지도교수님께 질문을 했다. 저자의 지도교수님께서 말씀하시길, 가족체계진단에서 미국 가족구성원에게 사용하는 비언어적 가족과제와 언어적 가족과제가 있다고 하셨다. 그러나 이렇게 동시에 그리는 기법은 가족이라는 환경 안에서 그들의 가족역동성을 살펴보기 적합하지만, 낯선 집단원이 모여서 그림을 그리게 할 수 있을지는 모르겠다고 하셨다.

저자는 이러한 생각의 차이가 개인주의문화와 집단주의문화의 차이라고 여겼다. 개인주의적 성향을 지닌 미국인 입장에서 가족이 아닌 누군가와 함께 그림을 그리는 일은 매우 어려운 일이라고 하였다. 그러나 나는 한국에서 태어나서 집단주의적 문화를 겪어서인지

한 장의 종이에 여러 명이 동시에 그림을 그리는 것은 가능하다고 생각했다.

이러한 호기심과 궁금증으로 협력그림검사를 개발하게 되었다. 사람들이 모여서 한 장의 종이에 그림을 그리게 하면 각 개인의 성향에 따라서 그들의 상호작용을 파악할 수 있을 것이다. 그래서 그림을 통해 협력성을 측정할 수 있는 심리검사가 처음으로 개발되었다. 500명 이상의 그림을 분석하여 그들의 협력성과 그림을 연결지어 채점할 수 있는 채점 기준을 마련하였고, 이 협력그림검사가 타당하게 개발되었음을 확인하였다.

Task 29
Crystal Ball II 나의 미래를 보여줘!

여러분이 바라는 것, 원하는 것, 그리고 미래에 대해 생각하고 다음 문장을 완성 시켜 주세요.

"내가 바라는 미래는 _____."
"나는 _____ 희망합니다."
"나는 _____ 원합니다."

위 문장들의 내용을 다 채웠으면, 다음 페이지에 나오는 수정구슬을 완성해 주세요. 수정구슬 안에 여러분들이 꿈꾸는 미래가 그려질 수 있어요.

날짜 :

제목 :

Story of Work

Part4 : 갈등을 다루기

© 2023 박주령

Task 30
나를 위한 선물상자 콜라주

🎯 **준비물 : 작은 종이상자, 풀, 가위, 잡지책, 편지지, 테이프**

이제 30개의 과제를 모두 마쳤네요. 끝까지 완주한 자기 자신에게 선물을 보내주세요. 선물상자를 만들기 전에 다음 페이지에 있는 편지지에 포기하지 않고 끝까지 활동을 완수한 자기 자신에게 편지를 정성껏 써 주세요. 책에 그려진 그림을 전체적으로 다시 보면서 어떤 변화가 있었는지 솔직하게 적어보길 바라요. 당신은 열심히 참여했고 그려진 그림을 보면서 최선을 다해 자기성찰을 했어요. 이 편지는 추후 당신이 힘들 때 꺼내 볼 힘을 주는 글이 될 것이에요. 편지를 다 썼으면 잠시 옆에 두고, 선물상자 작업을 해 볼게요.

종이상자를 모양에 따라 접어주세요. 종이상자 겉면에 당신에게 힘을 주는 인물, 사진, 단어 등이 있으면 오려 붙여 주세요. 긍정단어, 힘을 주는 메시지가 있으면 오려 붙이셔도 좋아요. 성공적으로 워크북을 마무리하는 당신에게 주는 선물이니 붙이고 싶은 이미지를 마음껏 붙여도 되어요.

상자 외부를 다 꾸몄다면, 이제 상자를 열고 썼던 편지를 가위로 잘아 선물박스에 담으세요. 소중한 편지를 잘 접어서 상자 안에 넣고 날개를 달아서 테이프로 붙여 주세요.

나중에 또 힘든 일이 찾아온다면 그때 이 선물상자를 꺼내 볼 거예요. 아마 다시 상자를 열게 되는 날이면 자기 자신이 어려움을 잘 헤쳐 나갔음을 알게 될 겁니다. 지금도 해냈으니 다음에도 잘 해낼게요. 끝까지 완주한 당신께, 이 선물상자를 드릴게요! 항상 응원할게요!!!

날짜 :

제목 :

Story of Work

자신을 위한 응원하는 문구 예시

1. 나는 나의 꿈을 응원해!
2. 나는 내가 자랑스러워~
3. 나는 참 소중해.
4. 참 잘했어, 역시 최고야!
5. 스스로 대견스러워, 이만큼이나 했잖아.
6. 결국 잘 해결해 낼 거야.
7. 난 날 믿어!
8. 난 지지받고 있어.
9. 난 내 강점을 알고 이를 잘 활용할 거야.
10. 난 내가 참 좋아!

To.

From.

To.

From.

부록

1. 그림의 발달분석

로웬펜트의 그림발달단계 (Lowenfeld & Brittain, 1987)

☐ 난화기 (2-4세)

　*혼란스러운 난화기: 감각과 주변환경의 반응으로 그림을 그림. 통제 불가능

　*조절하는 난화기: 동작이 반복됨. 의미 없는 선들

　*명명하는 난화기: 여전히 어떤 의미인지 알 수 없는 선들, 이미지에 이름을
　　　　　　　　　붙이기 시작

☐ 전도식기 (4-7세)

　표현과 대상과의 관계를 알아가는 시기, 본 것보다는 아는 것을 표현

　자기중심적으로 상징적 도식의 기초단계

☐ 도식기 (7-9세)

　사물을 개념을 습득하는 시기

　도식화하여 반복적인 형태를 사용

　기저선을 통해 하늘과 땅을 구분

　투시기법의 사용

☐ 또래집단기 (9-11세)

　자신에 대한 자각의 시기

　주변의 영향을 받아 점차 객관적이고 사실적인 표현을 하려고 노력

☐ 의사실기 (11-13세)

　시각화 현상을 통한 원근법 습득, 배경과 비례 표현

　3차원 표현을 구현하는 시기

□ 결정기 (13-18세)

관찰력 향상, 비판적인 안목이 생김

예술쪽 진로로 선택하거나 그림을 그리지 않는 것으로 결정함

2. 그림의 구조분석

□ 그림을 그린 순서

욕구나 방어기제 등에 따라서 그림을 그리는 순서가 달라질 수 있다. 예를 들어 그림 속 인물의 어깨를 좁게 그렸다가 다시 넓은 어깨로 고쳐 그린다면, 새로운 상황에 처했을 때 열등감으로 반응하나 곧 과장된 자신으로 포장할 수도 있다.

그려나가는 양상에 따라 그린 사람의 에너지의 양을 확인할 수 있고 어떻게 통제하는지를 찾아볼 수 있다. 대개 피검자는 어떻게 그림을 그릴지 고심하다가 시간이 좀 지나면 곧 안정을 찾고 그림을 그린다. 하지만 정서적으로 매우 불안한 사람은 이와는 반대로 행동한다. 특히 그 불안감이 지나쳐서 통제가 어렵다고 생각하면 그리는 것을 포기한다.

□ 그림의 위치

중앙에 그린 경우: 안전감을 나타낸다. 그러나 한 치의 오차도 없이 정확하게 검사지 중앙에 그린 경우 불안전감과 완고함을 나타낼 수 있다.

높게 위치해 있게 그린 경우: 낙천주의 성향일 수도 있음. 야망 수준이 높아 어려운 목표를 설정할 수도 있음. 관조적인 자세

낮게 위치해 있게 그린 경우: 부적절감을 나타냄, 우울감이 드러남

종이 밑바닥 또는 가장자리에 그린 경우: 의존 경향을 나타내고 독립적인 행동에 관해 두려움이 있다. 새로운 경험을 회피하려는 경향이 있다.

□ 그림의 크기

1) 매우 크게 그린 그림은 공격적인 성향이 잠재되어 있거나 과잉행동, 충동적인 성향이 내재하여 있을 수 있다. 또는 과장하고 포장하려는 경향이 있을 수 있다.

2) 매우 작게 그린 그림은 열등감이나 억제된 위축감을 나타내기도 한다. 또는 낮은 자아감의 표현이기도 하고 종종 퇴행적인 경향을 나타내기도 한다.

□ 선의 필압

1) 매우 힘주어 눌러 그린 경우는 매우 긴장한 상태를 나타낸다. 단호한 성향을 지닐 수도 있거나 야망이 높을 수도 있다.

2) 매우 연하게 그린 경우는 망설임, 결정을 내리지 못하는 소심함을 보여준다. 또한 에너지 수준을 낮음을 의미하기도 한다. 감정표현에 있어서 억제하는 경향이 있을 수 있다.

□ 선의 질

1) 단호하고 망설임 없이 흐르듯이 잘 연결된 선은 안전감과 완고함을 나타낸다.

2) 짧고 끊어진 선이 많은 경우는 불안정하며 충동적인 성향을 나타낸다.

3) 뻣뻣한 직선을 강조하며 그린 경우는 엄격하거나 공격적인 경향성이 있을 수 있다.

4) 선이 매우 짧고 힘이 없는 선은 우울과 불안을 나타낸다.

□ 선의 방향
  1) 수평선을 강조: 자기방어적 경향
  2) 수직성을 강조: 남성적이고 주장이 강하다. 결단력이 있음
  3) 곡선을 강조: 여성적이며 유연하다. 관습적인 것을 선호하지 않는다.

□ 반복적 지우기
  대개 자기 생각과 감정을 표현할 때 적절하지 않게 그려지면 그림을 지우기도 한다. 그러나 지나치게 반복적으로 그렸다 지웠다 하는 것은 불안정과 초조함이 나타났다고 할 수 있다. 내적 갈등이 보여지는데, 이는 무의식적 표현이 그림에 나타날 때 자기 자신에 대한 불만족으로 과도하게 지우개를 사용할 수도 있다.

□ 왜곡과 생략
  전반적인 왜곡은 현실검증이 어려운 정신질환에서 흔히 나타난다. 그러나 기능이 정상인 청소년들에게 이런 왜곡이나 생략이 나타난다면 부정적인 자기개념이 드러난 것이라 볼 수 있다.

3. 그림의 내용분석

□ 집 그림: 피검자가 현재의 가정을 어떻게 바라보고 있는가를 의미한다.
  자신의 가정생활과 가족관계에 대해 내면이 드러날 수도 있고 장래에 꿈꾸는 이상적 가정을 나타내기도 하고 과거 가족에 대한 소망이 나타날 수도 있다.
  지붕: 공상적 영역, 인지기능과 관련됨
  벽: 자아강도, 자아통제력

문: 대인관계, 사회적 관계 (문고리가 있는지 없는지도 중요)

창문: 환경과의 접촉 (지나치게 큰 창문, 가려진 창문)

조망: 내려다보는 집, 올려다보는 집, 멀리 떨어진 집

☐ 나무 그림: 피검자의 무의식적 자아상을 의미한다.

자기개념으로 신체상을 의미함.

둥치: 성격구조 강도, 자아상에 대한 느낌

가지: 외부와의 접촉 능력, 노력하는 태도

수관: 구름 같은 수관(적극적 공상, 현실부정), 혼란스러운 수관(충동적, 정서적 불안정)

뿌리: 현실접촉, 뿌리와 지면을 생략할 경우 불안정감, 뿌리를 과도하게 강조할 경우 현실접촉을 과도하게 염려하는 경향

잎: 생략(내적 황폐), 지나치게 많은 잎(생산적이고 효과적으로 보이고 싶은 욕구)

☐ 사람 그림: 피검자의 의식적 자기상을 의미한다. 자기상 뿐만 아니라 의미 있는 사람을 표현하는 경우도 있다.

얼굴이 생략된 경우: 자신의 정체성이 흔들리거나 자신감이 없을 때 보여짐

뒤를 향한 얼굴, 표정 생략: 회피, 대인관계의 어려움

눈: 외부세계와의 관계, 감정과 기분 표현

입: 의사소통, 충족과 관련된 감정

팔과 손: 상호작용 능력, 대처능력

다리와 발: 현실에서의 적응 및 대처능력

손 생략: 사회적 상호작용에 대한 신뢰감이 없음을 의미

손을 지나치게 크게 그린 경우: 활동적일 수도 있지만 경우에 따라서 공격성을 의미

손을 뒤로 하거나 포켓에 집어 넣는 경우: 무엇인가를 회피하거나 거부함을 의미

다리를 지나치게 가늘고 길게 그린 경우: 안전감에 대한 욕구가 큰 상태

발 생략: 낙담한 상태이거나 현실로부터 도피하려는 마음

무릎 아래 다리와 발을 생략: 주어진 환경에 잘 적응하지 못하고 현실 직면 어려움

앉아 있는 상태: 우울한 기분, 낙담

움직임: 내적 유능감

참고문헌

가이토 아키라(2012). **풍경구성기법**. 서울: 학지사.
권석만(2008). **긍정심리학: 행복의 과학적 탐구**. 서울: 학지사.
권석만(2017). **젊은이를 위한 인간관계의 심리학(3판)**. 서울: 학지사.
김봉환 외(2013). **진로상담**. 서울: 학지사.
김지윤, 전민경, 김태영, 박지연(2021). "과연 나는 대2병일까?", 미디어한남, 2021.06.21. http://mediacenter.hannam.ac.kr/news/articleView.html?idxno=1032
박주령(2016). 공동화 참여자들의 협력적 상호작용 경험 연구: 협력적 그림검사(S-CDT)를 중심으로. **미술치료연구, 23**(4). 1171-1188.
신민섭 외(2003). **그림을 통한 아동의 진단과 이해(2판)**. 서울: 학지사
이주희, 박주령(2018). **위기개입매뉴얼**. 나주: 동신대학교 학생상담센터.
주리애. (2015). **미술심리진단및평가**. 서울: 학지사.
최정윤. (2010). **심리검사의 이해(제2판)**. 서울: 시그마프레스.
한국미술치료학회(1997). **미술치료의 이론과 실제**. 대구: 동아문화사.
Buck, J. N. (1948). The H-T-P Technique: A Qualitative and Quantitative Scoring Manual. *Journal of Clinical Psychology*, 4, 317-396.
Buck, J. (1981). *The House-Tree-Person technique: A revised manual*. Los Angeles: Western Psychological Services.
Buck, J. & Hammer, E. (1969). *Advances in the House-Tree-Person technique: Variations and applications*. LA: Western Psychological Services.
Burn, R. C. (1990). *A Guild to Family-Centered Circle Drawings*. NY: Brunner/Mazel.
Burns, R. C. (1987). K-H-T-P : *An Interpretative Manual*. NY: Routledge.
Burns, R. C. (1990). *A guide to family-centered circle drawings*. NY: Brunner & Mazel Publishers.
Burns, R. C., & Koufman, S. H. (1970). *Kinetic Family Drawing*. NY: Brunner & Mazel Publishers.

Cane, F. (1951). *The artist in each of us*. London: Thames and Hudson.

Erikson, E.H. (1968). *Identity: Youth and Crisis*. Norton & Co.

Goodenough, F. L. (1926). *Measurement of intelligence by Drawings*. NY: Harcourt, Brace and World, Inc.

Gantt, L. (1990). *A validity study of the Formal Elements Art Therapy Scale (FEATS) for diagnostic information in patients' drawings*. Unpublished doctoral dissertation, University of Pittsburgh, Pittsburgh, PA.

Gantt, L., & Tabone, C. (1998). *The Formal Elements Art Therapy Scale*: The Rating Manual. Morgantown, WV: Gargoyle Press.

Gerber, N., & Lyons, S. J. (1980). A developmental approach to assessment in adult art psychotherapy. *The Arts in Psychotherapy, 7*(2), 105-112.

Gerber, N. (1996). The Brief Art Therapy Screening Evaluation (BATSE). Unpublished manual, Hahnemann Creative Arts Therapies, Drexel University, Philadelphia, PA.

Gordon, R., Rudd-Barnard, A., & Smith-Wexler, L. (2018). House-Tree-Person Test. *Encyclopedia of Clinical Neuropsychology*, 1735-1741.

Gussak, D.E. (2007). The Effectiveness of Art Therapy in Reducing Depression in Prison Populations. *International Journal of Offender Therapy and Comparative Criminology,* 51, 444 - 460.

Hammer, E. F. (1958). *The clinical application of projective drawings*. Springfield: Charles Thomas.

Hammer, E. F. (1969). Hierarchical organization of personality and the H-T-P, achromatic and chromatic. In J. Buck & E. Hammer (Eds). *Advances in the House-Tree-Person technique: Variations and applications*. LA: Western Psychological Services.

Harmon-Walker, G., & Kaiser, D. H. (2015). The Bird's Nest Drawing: A study of construct validity and interrater reliability. *The Arts in Psychotherapy, 42,* 1-9.

Hays, R., & Lyon, S. (1981). The bridge drawing: A projective technique for assessment in art therapy. *The Arts in Psychotherapy, 8*(4), 207-217.

Jolles, I. A. (1964). *Catalogue for the qualitative interpretation of the House-Tree-Person (H-T-P)*. Los Angeles: Western Psychological Services.

Kaiser, D. H. (1996). Indications of attachment security in a drawing task. *The Arts in Psychotherapy, 23*(4), 333-340.

Koppitz, E. M. (1968). *Psychological Evaluation of Children's Human Figure Drawings*. NY: Grune & Stratton, Inc.

Ki, J., Choi, W., Kim, G., & Park, J. (2012). Landscape Montage Technique as an assessment tool for schizophrenia patients. *The Arts in Psychotherapy, 39*(4), 279-286.

Kiesler, D. J. (1996). *Contemporary Interpersonal Theory and Research: Personality, Psychopathology, and Psychotherapy*. NY: John Wiley & Sons.

Lack, H. (1996). *The Person-in-the-rain projective drawing as a measures of children's coping capacity: A concurrent validity study using Rorschach, psychiatric and life history variables*. Unpublished doctoral dissertation. University of California.

Lowenfeld, V., & Brittain, L. (1987). *Creative and Mental Growth*(8th ed). Prentice Hall.

Manning, T. M. (1987). Aggression depicted in abused children's drawings. *The Arts in Psychotherapy, 14*(1), 15-24.

Machover, L. (1949). *Personality Projection in the Drawing of the Human Figure*. Springfield: Charles Thomas.

Monti, D. Peterson, C. Kunkel, E. Hauck, W. Pequignot, E. Rhodes, L. & Brainard, G. (2006). A randomized, controlled trial of mindfulness-based art therapy (MBAT) for women with cancer. *Psycho-Oncology, 15*(5), 363-373.

Munley, M. (2002). Comparing the PPAT Drawings of Boys with AD/HD and Age-matched Controls Using the Formal Elements Scale. *Art Therapy, 19*(2), 69-76.

Park, J. (2008). *The Group Dynamics of the Collaborative Artwork by Group Members from the Korean Culture: A Phenomenological Study*. Unpublished Master's thesis. Drexel University. Philadelphia, PA.

Peterson, C., & Seligman, M. (2004). *Character strength and virtues a handbook and classification*. NY: Oxford University Press.

Park, J., & Kang, J-r. (2018). Assessing the Six-Member Collaborative Drawing Technique with the Collaborative Art Elements Scale. *The Arts in Psychotherapy, 59*(1), 75-82.

Rockwell, P.A., & Dunham, M.D. (2006). The Utility of the Formal Elements Art Therapy Scale in Assessment for Substance Use Disorder. *Art Therapy, 23*, 104 - 111.

Rogers, C. R. (1961). *On becoming a person*. Houghton Mifflin.

Rubin, J. A. (2010). *Introduction to art therapy: Sources & resources* (Rev. ed.). Routledge/Taylor & Francis Group.

Seligman, M. (2017). *The Optimistic Child: A Proven Program to Safeguard Children Against Depression and Build Lifelong Resilience*. MA: Mariner Books.

Selye, H. (1956). *The Stress of Life*. NY: McGraw-Hill.

Wadeson, H. (1995). *The Dynamics of Art Psychotherapy*. PA: John Wiley & Sons.

Memo

Memo

[저자소개]

박주령(Jooryung Park, Ph.D.)
현재 경일대학교 상담심리학과 부교수이며 학과장을 맡고 있다. 한국심리학회 분과인 한국학교심리학회의 학교심리사 1급, 한국상담학회 전문상담사 1급, 미국 미술치료사 자격증, 발달재활사 자격증을 가지고 있다. 2019년~2020년 국제인명사전 『마르퀴즈 후즈 후(Marquis Who's Who)』권에 등재되었으며, 협력그림검사(제10-2185570호) 특허를 가지고 있다.

대학생을 위한
미술을 만난 심리치료

초판 발행 : 2023년 09월 20일
2판 인쇄 : 2024년 01월 30일
지은이 : 박주령
펴낸곳 : 샤인프레스
편집인쇄 : 북만손주식회사
전　화 : 02-6397-2725
등록번호 : 제116-98-99483호
이메일 : shinepress@naver.com
ISBN　979-11-975895-0-8

정가 22,000원

저자와의 협약으로 인지는 생략합니다.
파본은 구입처에서 교환해 드립니다.
이 책을 무단으로 전재하거나 복제할 경우 저작권법에 따라 처벌을 받게 됩니다.